跨文化交际与高校英语教学研究

刘芳◎著

应急管理出版社
·北京·

图书在版编目（CIP）数据

跨文化交际与高校英语教学研究 / 刘芳著. --北京：应急管理出版社，2023

ISBN 978-7-5020-9000-5

Ⅰ. ①跨… Ⅱ. ①刘… Ⅲ. ①英语—教学研究—高等学校 Ⅳ. ①H319.3

中国版本图书馆 CIP 数据核字（2022）第 011760 号

跨文化交际与高校英语教学研究

著　　者　刘　芳
责任编辑　孙　婷
封面设计　文　亮

出版发行　应急管理出版社（北京市朝阳区芍药居 35 号　100029）
电　　话　010-84657898（总编室）　010-84657880（读者服务部）
网　　址　www.cciph.com.cn
印　　刷　北京宝莲鸿图科技有限公司
经　　销　全国新华书店

开　　本　787mm×1092mm 1/16　**印张**　7 1/4　**字数**　200 千字
版　　次　2023 年 2 月第 1 版　2023 年 2 月第 1 次印刷
社内编号　20201326　　**定价**　35.00 元

前　言

随着科技的进步与经济的发展，加强、加深了不同国家、不同种族、不同民族人们的交往和交流，全球化已成为世界发展的必然趋势。任何国家都不可能孤立、封闭地发展，跨文化交际与文化交流成为时代的一个突出特征。但是不同国家、地域有着不同的历史背景、文化内涵、思维方式、价值取向、行为规范、社会习俗，因而在言语沟通、行为举止、交际习惯、生活习俗等方而都有很大差异，给跨文化交际造成了极大的障碍。因此，跨文化交际的研究与学习就显得尤为重要。

外语教研界的学者们一致认为，语言与文化密不可分，外语教学不应该脱离文化单独进行。然而，如何在外语教学中实现文化教学还没有定论。语言是交际的工具之一，学习外语的目的是运用外语进行交际。而在交际过程中，文化差异会造成交际双方的误解，是交际的主要障碍。因此，外语学习者需要掌握本国与所学语种国家的文化背景，即跨文化能力。外语教学的目标是培养学生的语言应用能力，即听、说、读、写、译的综合能力，语言应用能力是交际能力的保证。文化影响语言和交际，语言应用能力表现为学生具有在跨文化语境中运用外语进行有效交际的能力，即跨文化交际能力。大学英语教学中一直以来注重语言知识的教授而忽视了文化教学。加强英语教学中的文化教学已经成为迫切需要解决的问题。

本书介绍了跨文化交际的起源与发展，探讨了跨文化英语教学的策略、方法及英语教学中文化教学的相关话题，力求为研究者、学习者提供全面的跨文化交际学习的素材和大学英语教学方面的启示。

本书结合了编者在大学英语教学工作的实践与国内外先进研究理论，但限于编者的学识水平，书中难免存在错误或不尽如人意之处，希望读者朋友提出批评和建议，以便不断改进。

目　录

第一章　跨文化交际概述

在日新月异的21世纪，全球化已极大地改变了不同文化背景下人们之间的相互关系和沟通渠道。特别是远程通信和人际交流技术的突飞猛进不仅给政治、文化、道德等方面的交流带来了机遇，同时也给人们带来了困惑。社会变革、文化差异、身份、角色、同化、渗透、疑惑、个性化和多样性等各种新视角、新秩序要求人们从新的角度提供新的诠释机制，在急剧变革的当今世界，人们的跨文化交际能力和理解拓宽跨文化交际技能就显得越发重要。具有不同文化背景的人们正积极地运用交流资源来张扬自己的文化，构建他们的社会权力、风格和身份。

跨文化交际是从英语词组“intercultural communication”翻译过来的，指的是具有不同文化背景的个人及群体之间的交际，也就是具有不同文化背景的人之间所发生的相互作用。以前，这主要是文化人类学、民族学所关心、研究的问题，近年来引起了一般人的关注。在中国，语言教师对其表现出的浓厚兴趣，反映了时代的变化和要求，也引起了人们从跨文化教育的角度对外语教学进行深入思考。

世界上任何一个国家的文化发展都不可能孤立封闭地自我繁殖，而是要和其他国家的文化进行交流，互相影响、补充、渗透，不断借鉴、吸收、融合外来文化，这种文化交流对各国的社会进步起着巨大的推动作用。随着高科技的发展、通信传播技术的改进，特别是多媒体和互联网的诞生，为人类带来了全球意识。不同社会、文化以及不同地区的人们产生了比以往更强烈的相互交往的欲望，这种欲望促进了全球性的交往。这一交往形式，无论是从心理学和社会学的角度，还是从语言学的角度来看，都是各种文化交织的产物，使不同文化之间的交流和合作成为不可回避的现实。但不同国家之间在进行交际时，往往因文化取向、价值观念、社会规范和生活方式等方面的差异导致他们在编码和译码过程、言语和非言语行为及篇章理解或话语组织方面的差异，或因文化和语言表达方式的不同而出现不理解、误解或曲解的现象，从而使相互交流受到阻碍，甚至导致文化冲突。这种文化上的差异常常会给具有良好交往愿望的不同文化背景的人们之间的相互理解和和睦相处造成一定的困难。因此，认识跨文化交际的模式、特点和过程，从而解决和避免交际中的障碍，是现实生活的迫切需要。在这种情况下，跨文化交际学作为一门独立的学科应运而生。对跨文化交际的研究也就越来越多地引起学术界同人的关注，研究跨文化交际成为文化研究的一项重要内容。

跨文化交际研究成果在外语教育和相关方面体现了最高价值。它拓展了外语教学专家的思路，丰富了外语教学的内容，提高了外语教学的效果，对国际文化交流、政治沟通、经济全球化和教育一体化产生了积极的作用。跨文化交际学揭示了语言、文化和交际之间的关系以后，语言教学专家认识到语言教学离不开文化因素，外语交际就是跨文化交际，因此外语教学具有文化教学和跨文化交际能力培养的巨大潜力。

第一节　跨文化交际的概念

一、跨文化交际的概念界定

（一）跨文化交际与沟通能力

所谓跨文化交际，是指具有不同文化背景的人相聚在一起，通过交流和沟通，分享各自的思想、感情和信息。跨文化交际，英语名称为“Intercultural Communication”，早期也称为“Cross-cultural Communication”。跨文化交际学最先在美国兴起，并形成了比较完整的学科体系。目前，美国的跨文化交际学研究在世界上处于领先地位。美国本身是一个移民国家，来自世界不同区域的具有不同文化背景的人相聚后，文化冲突时有发生。同时，来自世界各地的移民都竭尽全力地维护自己的文化和传统不愿意改变，从而形成了美国当代的多元文化格局或文化大熔炉的局面。在这种情况下，跨文化交际策略和手段的研究引起了美国学者和各界人士的广泛关注。

近年来，跨文化交际学已发展成为一门被国际学者充分重视的集人类学、语言学、心理学、传播学、社会学等为一体的综合性学科。学者除了探索跨文化交际与语言的关系外，还大力探讨跨文化交际与沟通能力二者之间的关系，力图把跨文化交流能力的培养与个人沟通能力结合起来，提升学生在个人沟通能力建立中的语言文化意识（cultural awareness）或文化敏感性（cultural sensitivity）渗透，进而将个人沟通能力发展成为一种真正意义上的跨文化交际能力（Intercultura communicative competence）。在国际社会大变革时期，具有不同文化背景的人们都渴望进行思想文化的交流、交融和交锋，以求相互逐步理解和认同。

跨文化交际中的沟通能力，是指在交际过程中，交际者通过表达、争辩、倾听和设计（形象设计、动作设计、环境设计），实现自我意识和思想的转换和传达，从而被其他文化者接受的能力。跨文化沟通能力看起来是外在的东西，实际上是交际双方个人素质的重要体现，它反映着一个人的知识、能力和人格魅力。跨文化交际的沟通能力，特别强调沟通者双方所具备的能胜任的个人化主观和客观条件。在跨文化交际中，一个具有良好沟通能力的人，可以将自己所拥有的专业知识及专业能力充分发挥，这也是决定交际是否成功的必要条件。

总之，跨文化交际活动特别强调具有不同文化背景的人的沟通能力，这有利于双方通过清晰的思维有效地收集信息，并做出逻辑的分析和判断，从而交际双方快速接受，完成有效的交际过程。如果没有清晰的思维和准确的逻辑判断力，再好的语言技巧也不可能实现交际环节的传达、说服和感染。跨文化交际中的沟通特别注重思维与表达，这主要是指思维的交流和语言的交流。如果只重视语言的交流，任何人都不能摸透对方心里的真实想法，也不能实时把握对方的思维方式和思维习惯，这样就无法让跨文化交际从语言层面提升到思维层面，完成交际的全过程。真正意义上的跨文化沟通者更容易与别人建立并维持广泛的人际关系，更可能在人际交往中获得成功。可见，跨文化沟通者一定要及时了解交际对方的心理活动和思维倾向，并根据解码信息来调节自己的沟通方式和环节。

跨文化沟通在向对方展示自己的心理意图时，要注意使自己被人充分理解，并辅之以直观的言语、动作，使得沟通信息充分而不冗余，这是最佳的信息沟通和行之有效的交际方式。比如：聆听式沟通让人从一个专心听讲的人的角度，捕捉说话人的信息并进行信息加工，通过聆听产生沟通欲望和完成沟通过程。同时，注意不要陷入沟通辩论中。跨文化交际一定要让其他文化背景的人接受你的想法，才能让对方向你打开心扉，对方心扉没有打开前，真正的沟通是不可能发生的。心理学家研究发现，一个人跟别人交流过程完成以后，所留给人的印象和感觉只有百分之二十与谈话的内容有关，或者是只有五分之一的部分留在别人的记忆中。其余百分之八十或五分之四的内容则取决于别人对这个人的总体感觉和这个人的外在印象。若一个人强词夺理，即使有理，到最后也只会给别人留下一个咄咄逼人的印象。与其得理不饶人，不如采取得饶人处且饶人的方式妥善处理，接纳对方，换位思考，获得交际的成功。

（二）跨文化交际与人际关系

在跨文化交际中，人际关系需要处理好人情、人伦和人缘这三方面的关系，换句话说，处理好这个关系意味着跨文化交际的成功。人情是媒介，促使跨文化交际的感情认同和接受，如中国人常说“买个人情”“送个人情”或“讨个人情”“求个人情”，这说明人与人之间的交往是建立在情感创设基础之上的。人情到了，隔阂没有了，感情也变得融洽了。人伦体现的人际关系，根据《说文》中说“伦，辈也”，后又引申为“类”“道圣”“文理”和“人与人的关系”。这说明人伦在跨文化交际中，要求交际主体具有规范的人伦道德典范和人格魅力，充分展示合理化的人际秩序。在《现代汉语词典》中，人缘或缘分，指的是人与人之间由命中注定的遇合的机会；泛指人与人或人与事物之间发生联系的可能性。

跨文化交际中的人际关系，是指具有不同文化背景的人与人之间的互相认知、互识和认同。这表明不同文化背景的人与人之间，在互相交往的过程中，完全能够通过思想、感情、行为表现的互相交流，产生源于本能的互动关系。这有利于建立多元文化的幸福人生、和谐组织和稳定世界之格局。尤其是人和环境相互连接与驱动，环境带动人际关系向良好的方向发展，人在环境中认定自己的身份和角色，为跨文化交际搭建友好的人际关系。处理好跨文化交际中的人际关系最好的方法就是交际双方彼此之间尽量传递真实的情感、态度、信念和想法。让自身的思想深度被他者认识及接纳，以诚恳的态度、谦卑温柔的心、适度的自我表达去打动和感染对方，以此寻求共同之人生观、价值观之趋同和认同，消除不同文化背景的人际障碍。

跨文化交际中的人际关系表现的是跨文化交际中人与人之间合理的分际与职分，《论语·颜渊篇》中说："齐景公问政于孔子。孔子对曰：君君，臣臣，父父，子子。"这里强调君臣父子各司其职，各行其道，各守分际，各尽职分。这种人际关系模式让每个组成分子享有各自职能，均能按其角色、职责、位置而有适当之思想、言语、行为模式及价值观，从而形成良好的和谐的交往气氛。

跨文化交际中的人际关系还特别注重具有不同文化背景的人们彼此间的情感融洽和交往。相互间感情的传递使彼此接近和相互吸引，形成共鸣，即使是观点互相排斥分离，也会获得感情的认可。彼此间的相互重视与心理支持是跨文化人际关系的基础，每个人都有相互厚爱和受人尊敬的需要，这是跨文化交际中人际交往的心理相容，即指具有不同文化背景的人与人之间的融洽相容关系，尤其是指人与人相处时的容纳、包涵、宽容及忍让。即使有时候存在观点的分歧，也会不遗余力地寻找共同的意趣，相互间奠定谦虚和宽容的良好氛围，做到心胸开阔、宽以待人、不计前嫌、宽宏大量。信用也是跨文化交际中人际交往的基本准则，指的是待人诚实、不欺骗、遵守诺言、以诚相待和不卑不亢，在自信中表现谦逊和不矫揉造作、故弄玄虚。自信心可以让人快速获得别人的信赖，同时，容易激发别人乐于与之交往。

（三）跨文化交际的表现形态

跨文化交际可表现为跨文化的语言行为（verbal behavior）交际和非语言行为（non-verbal behavior）交际两种。人类学家爱德华·萨丕尔（Edward Sapir）认为，非语言行为交际是"一种不见诸文字，没有人知道，但大家都理解的精心设计的代码"。这表明，非语言跨文化交际行为无须用语言表达，是在无语言观照之下进行的交际行为，通过交际双方的感知进行，类似于心有灵犀一点通。非语言交际行为不再注重语言的内部结构本身的交际价值所在，而更多地转向了语言所生存的社会背景和语言之外的外部系统。跨文化交际的语言行为和非语言行为两大交际系统，也是相辅相成的关系，二者相互弥补和相互贯通，互相映衬和相得益彰，组成了比较完整和丰富的跨文化交际系统。在跨文化交际过程中，交际者双方有时通过语言行为，有时通过非语言行为，互相沟通和展示心扉，更多的时候也交替使用两种跨文化交际行为传递各种有效信息，进而表达丰富而细腻的思想感情。以往的跨文化交际行为偏重于语言本身结构的跨文化交际功能，不重视非语言行为的交际功能的应用。

1. 语言行为（verbal behavior）交际

语言是一门艺术，语言行为交际是利用语言完成的交际行为，也就是利用所说的话或写出的文字来达到交际的效果。语言行为交际的实质是交际主体根据对自己角色和语境的定位和选择，去组织有效的话语，以实现自己交际的全过程。比如利用话语因素，如语音和话语节奏来达到言语交际的最佳效果；充分利用语言的抑扬顿挫、轻重缓急来进行双方思想感情的沟通。如果语言表达得单调呆板，很难吸引听者的注意力或激发听者的兴趣。要成为真正的跨文化交际高手，首先要成为善于运用语言技巧的艺术家。因为语言交际本身是一个说与听的互动过程，交际是否成功取决于是否理解对方的语义。

语言行为交际是一个依赖交际主体语言行为的双向互动过程，包括说话者的话语选择和听者对话语的理解。语言行为交际话语选择和理解是一个动态的过程，它会通过语言行为来表达人的内心想法。交际时要注意用词上的简短性。美国语言学家齐夫说："在言语交谈中，说话者只用一个词来表达一个概念最省力，听话者也是对每一个概念用一个词来理解最为省力。"此外，在语言行为交际的过程中，还应当根据不同交际对象的具体特征进行交流。如在大学里，大家都说普通话，因为周围的同学来自全国各地，各地都有方言。如果都用方言交谈就难免会出现误解语义甚至无法沟通的问题。但是当我们回到家乡，周围都是朴实的家乡亲人，用方言会更亲切、更好交流沟通。

此外，语言行为交际还要注意文化习俗的附加功能。文化习俗是指在一个社会群体中世代传承、相沿成习的生活习俗。文化习俗对语言行为交际的影响很大，如有人打了个喷嚏，打喷嚏的如果是孩子，中国人会说"长命百岁"，是大人则通常开玩笑地说"有人想你了""有人说起你了"或"有人骂你了"，英国人和美国人则会说"上帝保佑你"。又如，美国人常用的"喝可口可乐"这种祈使语气的广告，在日本人那里就会引起反感，认为是对消费者的不尊重。再如，不同的文化对"死"有"老了""圆寂""走了"等多种替代说法。可见，文化习俗对语言行为交际起着极大的制约作用。

2. 非语言行为（non-verbal behavior）交际

随着人们对语言和人类社会关系实质性探讨的深入，跨文化非语言行为交际迅速发展，出现了跨文化副语言学（Cross-Culture paralinguistic）、跨文化身势学（Cross-Culture Kinesics）、跨文化近体学（Cross-Culture Proxemics）等新兴学科。这表明跨文化的非语言行为交际可以作为非语言信息情感交流的有效载体，使其在跨文化开放系统（如目光、手势等）的启发当中，展示跨文化沟通的不同意义及感情色彩。

非语言行为交际注重个人感情的表露和展示，不同的表情和动作在不同的文化背景中可以表达多种意思。例如，在汉语和英语文化中，点头表示赞同、首肯，而在印度、希腊等地，意思则恰好相反，表示不赞同、不首肯。英美人常用耸肩、摊开双手表示"无可奈何""不知所云"；而在中国，这种姿势没有什么特别的含义。非语言行为交际中目光的交际也是如此，东西方文化圈的差异尤为突出。在美国，如果敢于正视和凝视对方的眼神，是表达正直、诚实和尊重的态度。而在中国，正视和凝视对方的眼神会被认为是没有教养或不得体，交际时需要回避直接的目光接触。可见，跨文化的非语言交际行为具有民族性和地域性特征，正如毕德维斯泰尔（R.L.Birdwhistell）所说：“据我们所知，没有一种身体动作或姿势具有普遍代表性，也就是说，我们无法发现一种在所有社会中具有同一意义的面部表情、姿态或身体姿势。”

非语言交际不仅注重语言结构如语音、语法和词汇的运用效果，更注重社会文化、生活习俗知识等在交际中的运用。跨文化交际中的非语言行为能力和语言行为能力之间存在着极为显著的差异，非语言交际主要表现在社会心理学中，指人使用语言、文字以外的媒介传达信息，来表现人的思想或者意旨，如脸部表情、肢体语言或音调等。交际者在潜意识中把一个人的语言或文字，通过外显特征表现出来，让对方会意或理解，也通过对方的情绪、态度、个人特质，理解对方内心真正的意图。非语言交际通常是在无意识的状态中加以接受，在不知不觉中传达信息，一个眼神、一个表情和一个动作都有可能获得交际的成功。可见，“眼神”和“肢体动作”是人们常用的非语言沟通方式。在跨文化交际传递信息时，双方眼神的接触、凝视或不凝视，可以传递和透露出这个人的内在思想情绪。肢体动作有时也会传递出人的各种情绪、性格特质和态度。内向的人和外向的人在肢体动作上的差异尤其明显，外向的人动作较大，音调和语气也会比较洪亮。

第二节　跨文化交际的起源与发展

跨文化交际的历史源远流长。古埃及在公元前1750年就有了埃及人与亚洲人交往的记录。公元前1500年左右产生于西亚的底格里斯、幼发拉底两河流域的乌加里特字母，很早就传到了希腊，故而今日的希腊字母和阿拉伯字母都是在乌加里特字母的基础上发展起来的。后来的拉丁字母、斯拉夫字母以及今天的英文、法文、俄文、德文、梵文等也都是乌加里特字母的进一步发展。公元前4世纪北起希腊，南到埃及，东抵印度的亚历山大帝国的建立，更促进了欧洲文明、阿拉伯文明和印度文明的直接交流、冲突和融合，影响和推动了世界文化交流的进程。而我们的祖先从战国时期赵武灵王引进“胡服骑射”到公元前210年秦始皇命徐福远涉重洋抵达日本，带去了中国的农耕文化和手工业技术，跨文化交流现象也可谓问世已久。公元前136年至公元前126年张骞通西域，沿着陆地和海上的丝绸之路与世界各国人民进行文化交流。造纸、火药、指南针、印刷术的西传，中国与印度高僧的互访（如达摩东来，玄奘西天取经），马可·波罗来华和郑和下西洋等也为跨文化交际做出了贡献。但多数人认为，真正意义上的跨文化交际研究源于美国，这是有一定的客观条件和文化背景的。

第二次世界大战美国参战之后，其军政领导人面临着现实的策略问题：在自己所占领的岛屿上，美国如何确保土著居民与美军同在？当时美国官兵对这些土著语言和文化一无所知。许多人类文化学家被政府请来研究这些地区的文化。例如，我国读者所熟悉的本尼迪克特著的《菊与刀——日本文化的诸模式》一书，就是这类研究的成果之一。通过这些研究，美国大众对文化人类学家刮目相看，文化研究被人们普遍接受。政界和学术界的人士开始讨论文化的重要性。

第二次世界大战之后，美国成为超级大国，在世界上许多地区建立了军事基地，这也促进了对跨文化交流问题的研究。联合国的建立，在国际事务中发挥了重要作用。世界银行、教科文组织、世界卫生组织、联合国粮农组织等国际性机构也纷纷建立。美国政府为了加强对世界各国的影响，就需要了解这些国家的政治、经济和文化。1953 年，美国国会通过法律，建立了“美国新闻总署”（USIA，1977 年改为“国际交流署”International Communication Agency）。该机构负责运用各种手段进行对外宣传，“美国之音”就是众多对外宣传的工具之一。

在经济方面，第二次世界大战之后，美国经济向世界各国渗透，跨国公司的迅速发展使美国与各国间的经济往来日益密切；实业家、商人、科学家、留学生、旅游者等多种形式的国际交往日益增多。在此期间，美国航空技术和通信技术得到迅速发展，喷气式客机可以在 36 个小时内把人们送到世界的各个角落。电视机的普及使大众传播媒介发生了巨大变化。这些都促进了美国与不同文化国家间的交往。

这些条件促进了文化人类学、社会心理学、教育学、传播学等学科对文化与交流之间关系进行系统和理论上的研究。20 世纪 50 年代在这一领域的开拓者是美国人类学家爱德华·霍尔（Edward T.Hail）。他多年来的工作重点是选拔和训练到国外从事政府和商业工作的美国人。他发现，美国人与他国人民相处时的许多困难是由于跨文化交际知识异常贫乏引起的。这方面的无知，可能使美国在海外的计划和巨大努力付诸东流。美国丑陋的形象似乎与训练不良的外交人员和缺乏对其他文化了解的出国人员有关。他认为，其中的一些问题可以通过跨文化交流的知识来解决。1959 年他的经典著作《无声的语言》（*Silence Language*）出版。该书中首次使用了“跨文化交际”（intercultural communication）一词。从某种角度来讲，该书的出版标志着跨文化交际学的诞生。该书综合了在理解文化和交流时的一些关键和基本问题，指出了不同文化对人际间距离（comfort zones）、对时间的感知各不相同，并由此产生对异文化的误解。该书大力推动了跨文化交际研究的发展，所以一些人认为，跨文化交际学发源于文化人类学。

20 世纪 60 年代，美国国内以黑人为先锋掀起了少数民族争取民权的斗争，这对跨文化交际学也是一个促进。1964 年，美国国会通过了《民权法案》，政府开始正视国内的少数民族问题，正视少数民族文化合法权利问题。美国人认识到不同群体、不同文化群体之间的交流不但是国际性的问题，而且是一个亟待解决的国内问题。此外，在美国侵越战争失败之后，来自印度的难民大批涌入美国以及中美洲国家，同时加勒比地区和墨西哥也有大批移民进入美国，这也增加了对美国国内跨文化交际问题研究的迫切性。在这一时期，学者加强了文化与传播学的综合研究，跨文化交际在传播学领域得到了长足的发展。例如，奥利弗（Robert T.Oliver）在 1962 年出版的《文化与交际》（*Culture and Communication*）和史密斯（Alfred Smith）在 1966 年编辑出版的《交际与文化》

（*Communication and Culture*）两本书，就是把文化与传播学相结合的跨文化交际研究的代表作。

20 世纪 60 年代，跨文化交际学成为一门新兴的交叉学科。这个时期跨文化交际学侧重于研究交际文化，它以研究语言与文化的关系为主旨，以提高语言教学质量和有效地进行跨文化交际为目的。这一学科的兴起和发展同语言教学和日益频繁的跨文化交际有着直接的联系。积极开展跨文化交际与不同语言关系方面的研究工作不仅有重要的理论意义，而且有极大的应用价值。随着研究的深入，20 世纪 60 年代中期，在美国匹兹堡大学、密歇根州立大学等几所院校率先开设了该类课程。

20 世纪 70 年代初，美国的“言语交流协会”（Speech Communication Association）成立了“国际交流和跨文化交际问题委员会”（Commission on International and Intercultural Communication，80 年代中期成为一个独立的部门）。同期，“国际传播协会”（International Communication Association，80 年代中期改为“跨文化交流和发展交流部”），成为“国际传播学会”的 8 个分会之一。1974 年《国际与跨文化交际年刊》（*International and Intercultural Communication Annual*）第 1 卷出版，1977 年《跨文化关系国际杂志》（*International Journal of Intercultural Relations*）第 1 期等学术杂志出版。并且在 70 年代，出版了 10 多种跨文化交际的教科书或参考读物，如阿森特等人编辑出版的《跨文化交际学指南》。更多的大专院校开始设立跨文化交际的课程。据美国“跨文化教育、训练和研究会”（Society for Intercultural Education，Training and Research，缩写为 SIETAR）的调查，1977 年在全美国有 450 多个教育机构教授“跨文化交际”课程（关世杰，2005）。有的大学还颁发跨文化交际学的硕士、博士学位，为跨文化交际培养了一大批优秀的学者。出现了专门出版跨文化交际领域的出版社，如 Sage Publications。

20 世纪 80 年代，跨文化交际从美国一国研究的冷门课题走向世界，得到世界上越来越多国家学术界的重视，跨文化交际学的研究在其他西方各国迅速开展起来，成为一个世界性时髦课题，甚至吸引了不少业余爱好者。SIETAR 逐渐发展成为国际性组织。由于卫星和电视技术等通信技术的迅猛发展，跨文化交际学这一学科有了进一步的发展。跨文化交际具有多学科性质，主要涉及文化人类学、社会心理学、社会语言学、传播学等学科。它除了研究文化的定义和特点、交际的定义与特征以及文化与交际的关系外，还着重研究干扰交际的文化因素。这些因素包括：语言与非语言手段、社会准则、社会组织、价值观等。语言包括词汇的文化内涵、篇章结构、思维模式及翻译等方面。非语言手段包括手势、身势、服饰、音调、微笑、沉默、对时间的不同观念和空间使用等。社交准则泛指人们在交往中必须遵守的各种规则及风俗习惯。社会组织指家庭中各成员的关系、同事朋友关系、上下级关系等。价值观念包括人与自然的关系、宗教关系、道德标准以及人生观、世界观等。跨文化交际的理论和研究方法、跨文化适应、语言和文化的关系、跨文化间的外交和谈判等都成了热门话题。各学科人士踊跃投稿，跨文化交际的刊物也越来越多，跨文化交际学的研究方兴未艾。

由于跨文化交际学是应现代社会生活中迫切的实际需要而诞生的，这就使它一开始就带有明显的实用性。从 20 世纪 80 年代起，跨文化交际的理论被应用到国际商业和国际经济管理等实用部门。美国和欧洲一些国家还专门成立了跨文化交际的培训机构，用跨文化交流的知识培训经理人员，使他们具有与各种文化背景的人打交道的能力。跨文化交流培训班也日益增多。美国和欧洲商业界的跨国公司和企业，如洛克菲勒国际公司、国际商业机器公司和通用公司等为了满足国际业务的需求，筹建了数量可观的“实用跨文化管理协会”和其他类似机构，以培养国际性谈判人员、产品推销人员以及驻外服务人员等（Philp，1987）。可口可乐公司、美国花旗银行、海湾石油公司、摩托罗拉公司、斯堪的纳维亚航空系统也纷纷建立了跨文化交际培训机构。美国的跨文化交际研究取得了世人瞩目的成就。

第三节　跨文化交际在我国的发展历史

跨文化交际研究在我国的历史较短，跨文化交际的研究也是我国进行国际交流的需要。随着我国改革开放的发展，我国人民同世界各国人民的接触日趋频繁。1983 年，何道宽教授首先发表了一篇有关跨文化交际的文章《介绍一门新兴学科——跨文化的交际》；1985 年，胡文仲教授发表了《不同文化之间的交际与外语教学》一文，但是在当时并没有引起人们过多的关注。20 世纪 80 年代后期，国内学者开始重视对这一课题的研究，开始逐渐把跨文化交际学这一学科引进中国，而且一些研究成果逐渐问世。其中主要的著作有邓炎昌、刘润清著的《语言与文化》（1989）《语言与文化——英汉语言与文化比较》（1989），胡文仲主编的《跨文化交际与英语学习》（1994）、《文化与交际》（1994）《英美文化辞典》（1995），段连城著的《对外传播学初探》（1988），《美国人与中国人——中美文化的融合与撞击》（1993），连淑能的《英汉对比研究》（1993），关世杰的《跨文化交际学》（1995），林大津的《跨文化交际研究》（1996），贾玉新的《跨文化交际学》（1997）。这些著作的问世对中外语言和文化的对比研究做出了重要探索并具有指导性意义。特别是最近十几年来，有关跨文化交际学的著作大量出版，有关跨文化交际学的文章更如雨后春笋。

虽然我国学术界对跨文化交际的研究从未中断，但对跨文化交际研究有建树的著作和论文不多。我国学者对跨文化交际研究在很大程度上仍然处于介绍和引进国外研究成果阶段，我们自己的理论和应用成果还相当不足。正如刘润清先生曾经指出的那样，国内跨文化交际学研究“零散罗列现象为多，整体系统研究居少；低层次概括为多，高层次的抽象居少；实用性建议为多，理论建树居少”。跨文化交际学在学科发展和课程设置上得不到应有的重视限制了该学科在中国的发展，因此，我们有必要引进科学的研究方法，进行系统的基础理论研究和深入的专题研究，进一步夯实跨文化交际学的研究基础，拓展其研究深度和广度，尽快确立和提升跨文化交际学在中国的学术地位。此外，我们还应在学习和借鉴其他国家相关研究成果的同时，开展一些适用于中国国情的跨文化研究，进行中西方文化对比研究，并尽可能地将研究成果应用到教育、科技、文化、商业等领域的实践中去。

对跨文化交际学科的研究将有助于我们对世界各国文化的了解，有助于各国人民之间进行真正的沟通。对跨文化交际能力的掌握，可帮助人们预见和解决交际中出现的问题。具备这种能力能较大地改善人们的自我认识，促使人们对自己的文化重新审度，从而更好地适应社会。这种个人心态也促进了这一领域的发展。

另外，对这一领域的研究，可以拓宽语言研究的社会面，把视野转向广阔的文化层面。使语言研究和跨文化研究有机地结合起来，不仅理论上必要，而且对于外语教学实践有实际意义。这股跨文化交际的动力使广大师生认识到，语言能力教育已远远不能满足他们的需求，跨文化交际能力才是外语教学的最终目的。语言教育在很大程度上应是文化教育，不少学者还认识到，外语教学需要跨文化交际的理论做指导，即一种能为外语教学提供大量跨文化差异的事实，提高学生对文化差异认识的直觉敏感性，而且在理论上能对交际行为的差异追本溯源，引导和提供人们对交际差异进行分析和解释的理论。对这门学科的深入研究，不仅可以提供探讨语言交际的新的理论依据与角度，而且能使外语教学的内容得以充实与丰富。当今地球上时空的紧缩，使人们对跨文化交际产生一种使命感，感到它是历史赋予我们的责任。

霍尔说：“我深信存在于我们和其他国家的人们之间交际的障碍很多来源于对跨文化交际所知甚少。”（Hall，Edward，1959）在各种文化交织的时代，人们面临新的选择，不同文化间的交往、合作和相互依存已经成了新的生活方式，这种时代特点也促使人们普遍意识到跨文化交际研究势在必行。

第二章　跨文化交际与大学英语教学

第一节　中西方文化差异比较

随着人类社会的发展和人类思想的不断进步，人类的生活变得日益开放，不同国家和地区、不同种族和民族之间因生存的需要或偶然的邂逅而开始发生交往并日渐频繁和密切起来。于是，跨文化交际（intercultural communication）即不同民族文化彼此间的相互交往和互动，便应运而生。而跨文化交际更是促使了翻译的产生。随着跨文化交际的不断发展，中西方文化的差异便逐渐显现出来。

一、中西方思维方式比较

思维是人类一切活动的根基，作为具有智商的高级动物，人类的一切活动都是在思维的主导下进行的。除了那些“不假思索”的、处于动物本能的基本生存活动以外，所有为人类独有的活动无一不被打上思维的烙印。人类的思维活动主要包括思维模式、世界观和价值观三方面的内容。

（一）思维方式的概念

所谓思维方式，指的是着眼于思维活动本身的行为特征的思维类型分类，是对于思维这样一种智能活动的本质特征或运作方式的高度概括，它的动作性较强，是相对动态的概念，故其英译为 mode of thinking。例如，就思维的本质特征而论，有“主体性”与“客体性”思维方式、“创造性”与“再现性”思维方式等；就思维的运作方式而论，有“发散式”与“收敛式”思维方式、“开放性”与“封闭性”思维方式、横向思维与纵向思维等。“对于同样一个事物，中国人和以英美为代表的西方人群会因为各自文化背景方面的差异等原因而引起观察角度和思维方式的不同，因此产生表达的不同。例如，telegram（电报），telephone（电话），television（电视），等等。按西方人群的理解，这些东西是通过远距离发送和接收而实现其功能的，因而要加上 tele-（远）这个词缀；而中国人则考虑到它们和‘电’的关系。”这个例子只涉及思维方式的问题，而非思维模式；或者说，思维方式只是思维模式框架下的一个支撑点。

此外，西方思维方式假设存在于人们头脑中的概念和具体的现实之间具有某种直接的关联。这种定位必然极其看重逻辑与理性。大多数西方人认为，真理就在身外世间，遵循科学的方法，进行逻辑运算，我们就能发现真理。道家学说曾精辟阐释过东方思维方式，他们坚持认为，问题能以迥然不同的方式加以解决，其前提是，人们并非瞬间就被赋予理性。西方人发现真理是通过积极的寻求探索和亚里士多德式推理方式的运用。与之相反，许多东方人却是耐心地等待，认为如果真理即将被获知，则它将会自我现身的。史·库里克描述了亚洲人的直觉顿悟方式和西方人的理性思维方式之间的差异："一种思维（亚洲人）发展和调教人的情感天性、礼貌意识、审美趣味，另一种思维（西方人）则是发展和调教人的理性与意志、独立思维和行动的能力；前者孕育了礼仪文化，而后者则衍生了理性文化。"

（二）中国人的思维方式

1. 思维形式

中国人善于形象思维，他们在思维时，总是喜欢与外部世界的客观事物的形象相联系，结合重现在大脑里的相关物象进行思考。这就是说，他们擅长的思维形式是形象思维。这是历经数万年的历练，受其语言文字的诱导、暗示而逐步形成的。汉字在古代原本是象形字，经过数千年的演变，而今已变为形声字。虽然这样，这种方块字的写法或结构仍浸润着丰富的物象，颇具立体感，很容易让人们把它们同外部世界的事物形象发生勾连。有些字仍保留了很强的意象感即意境。比如"山"字，其字形确实很容易在人们脑海中勾勒出自然界中山的形象。

除此之外，中国人的形象思维也在文学作品特别是古代诗词中表露无遗，例如唐朝诗人张继写的"枫桥夜泊"、李白所写的"早发白帝城"等唐诗中，都充满着非常丰富的物象和意境，这一点就不是两方拼音文字可以比拟的了。这种物象十分丰富的文字在人们思维中的长期运用，也就使得借助这种语言进行思维的中国人逐渐养成了形象的思维方式，即借助文字的形象，紧密结合外部世界的相关物象进行思维的心理过程和认知方式。有些学者也将其称之为"悟性思维"，即"借助形象，运用直觉、灵感、联想、想象等思维形式，把感性材料组织起来，使之构成有条有理的知识，具有直觉性、形象性、主观性、整体性、模糊性等特征"。这种思维极富情理性、顿悟性和直观性，注重意象，强调直觉与经验，忽视创建完整的理论体系。可见，和西方人重演绎、抽象和分析的逻辑思维推理方式不同，中国人的思维方式是非逻辑的，具有重直观、直觉和顿悟的特征。

萨莫瓦认为，人们对于语境以及时间的态度也会影响不同文化的推理方式。中国人和日本人主要是按照现实的情况，而非对未来的推测或幻想来认知世界。因为佛教的教义强调现时此地，认为万事万物都如过眼云烟，因此中国人也将此视为自然，他们的所思所言仅只适用于当前的情况，并且必定会在以后对其进行重新诠释。由此可见，形象思维与逻辑思维对于思考未来存在很大的差异性，形象思维更关注的是现在。但实际上，中国人特别注重过去，也就是说他们的思维具有反馈性，也由于真实的物象已经存在，而未来处于想象或梦幻之中，既不现实也不确定。所以，中国人向来都非常重视传统，更加尊重祖先特别是古代先贤的教诲。我们敬老尊贤，慎终追远，总爱引用祖宗、先贤的话作为辩理佐证来教育后代；如果背叛了祖宗的言行就会被称为"数典忘祖"，比如像鼓吹分裂的"台独"分子就是最典型的代表。中国人重视历史经验和教训，看重"以史为鉴" "古为今用"。我们对国恨家仇记得特别清楚，因此中华民族也常常被称为最讲知恩报德的民族，"滴水之恩当涌泉相报"，我们对过去曾经受到过的帮助和恩惠会时刻铭记，对那些为民族立下丰功伟绩的英雄人物十分景仰崇拜，寺庙、纪念碑以及刻有铭文的石碑比比皆是就足以证明这一点。

2. 思维方法

中国人在进行辩证思维时，偏重归纳法。这点从中国古代就已经鲜明地表现出来了。古代中国人朴素的辩证思想使得他们在进行思维时，推崇"二元论"，他们善于一分为二地看问题，总喜欢从事物的正与反、好与坏、优与劣、利与弊、积极与消极、黑暗与光明等两个对立的方面进行感悟、比较、思索；与西方人源于逻辑实证、追求精确的"非此即彼、非对即错、非真即假、非善即恶"的"二元悖反论"不同，中国人更加侧重于对立的统一与融合、矛盾的吸收与化解，也就是说中国人更重视就矛盾对立面如何统一的问题进行考量，如中国的"物生优良、而其感应、刚柔相摩、一阴一阳谓之道"的辩证思想就是其思维方式的显著表现，所以我们在偏重于形象思维的同时，也逐渐形成中华民族擅长于辩证性思维的特点。

同时，也因为中国的汉字所具有的丰富意象及其立体感，使中国人在进行辩证思维时总是会先想到具体的物象、事物、事实、数据等，然后才会"由面到点"，进而可以从中归纳出规律来；我们总是倾向于采用归纳的方法，依靠现场体验和以往经验进行直觉顿悟。举例来说，我们的祖先在第一次看见乌鸦的时候，发现它是黑色的，第二次看到它时它也是黑色的，第 N 次看见时乌鸦仍然是黑色的，于是他们通过长时间的观察和体验而得到顿悟，认为天下乌鸦都是黑色的，这也就是"天下乌鸦一般黑"这句谚语最初来源的基本依据。由于归纳法是依赖内心体验进行归纳、顿悟的过程，所以中国人在论证立论、阐述问题的时候，大多都会从具体的现象、特征、细节入手，然后再逐步上升到理性的高度，经过对比、类推等实践研究，从中概括出具体规律来；要不然就如渔夫回收或清理渔网一样，找出事物、现象或要素之间彼此的联系来。总而言之，中国人的思维方法体现的就是"由特殊到一般或从具体到抽象""先综述、后概括"的思维模式，也突出地显现了中国人综合型思维擅长概括归纳、注重宏观与整体的典型特征。

3. 思维路线

从思维路线上来说，中国人的思维路线呈螺旋形，具有间接性。造成这一特点的原因也是由于语言文字的诱导暗示作用。可以看出，汉字容易勾起人们对现实世界中事物形象的想象或重现即联想，所以长期运用这种意象化语言，也就使得中国人的思维路线呈螺旋形，也就是曲线形和圆形，且循环上升，具有较强的立体感和间接性的特点。

（1）思维的表现性

这种思维过程常常表现为重复性的深化阐述，这样做可能是为了强调，也可能是因为问题复杂，仅靠一轮论证还不足以理清概念、阐明问题，所以还需要再来一轮阐述；但这种重复并不是简单的、在原有基础上的重复，而是更进一步、在更高层次上进行的思索与论述，也就是说这种思维是螺旋上升式的思考，是一种立体的思维方式。中国人在思考或运用语言时，常常不厌词语的重复，可能也是这种思维形式的一种反映。

（2）思维的间接性

了解中国人的都知道，中国人的思维具有明显的间接性或者叫迂回性，他们思考问题的时候喜欢拐弯抹角。在不便明说或难以启齿、有难言之隐的情况下，或是在和陌生人尤其是有重大利害关系的人打交道时，他们经常采取迂回的方式，朝着目标绕道而行，或者就是拐弯抹角地暗示主题或意图。这一点也可以从中国人的行文方式上看出。美国学者利奈尔·戴维斯曾说，中国人撰文通常会以笼统、概括的陈述作为开头，在各个段落中还经常会出现似乎与文章其他部分无关的信息，这也是由于作者的见解或建议不直接表述出来所造成的，所以作者就会轻描淡写地陈述。

对比西方人群的性格特征可以发现，中国人性格相对比较内敛、腼腆、隐忍，语言表达或含蓄委婉，或不卑不亢，有的时候他们的表达会模棱两可或者吞吞吐吐、遮遮掩掩、躲躲闪闪；他们的处世态度较为中庸，追求和谐。这也在他们的日常生活、工作和交往中表露无遗。举例来说，中国商人在谈生意时，总好在饭桌上进行，在他们看来，招待对方吃饭或娱乐是一个很有效的迂回策略，有助于促成生意的成功；中国男女在谈恋爱时总是以间接、含蓄的方式表达自己的爱意，一般不会在公共场合做出过于亲昵的举动；与说相比，写更为间接，中国人历来重写轻说，主张寡言、慎言、戒言，与人相处时注重团结和谐，不喜争强好胜，许多人在现实生活中奉行“不得罪人”的原则，哼哼哈哈的“老好人”到处都是；“小富即安”、胸无大志的人也不少。但是，含蓄委婉或不卑不亢并非是缺点，在有些场合恰恰是唯一稳妥的交际策略。

4. 思维的顺序

中国人的思维顺序主要是由大到小，从宏观到微观。在同时涉及多个级别不同、大小不一的事物或概念时，中国人的思维顺序是由大到小、从宏观到微观，注重整体。以写地址为例，中国人是依国名、省名、市名、县区名、街道名、门牌号的顺序排列；领导人或专家学者做报告纵论政治经济形势时，总是先谈国际，后谈国内，再谈省市，最后才谈及本单位、本企业等等。

5. 思维的倾向性

中国人的思维倾向偏向于集体本位，趋同思维较为普遍。中国人的思维因受其世界观、价值观的影响而具有了“集体本位”和“趋同思维”（也叫顺向思维）的倾向。一方面，中国人具有较强的整体观念和大局观念，这使得我们在思考问题时，往往先从整体或大局出发、从他人或集体的角度出发，能够体谅他人，而将个人（包括个人的立场观点、个人的功利权益等）放在第二位。这种长期形成的“集体主义”价值观使我们对集体存在很强的依赖心理，所以在考虑问题时也总先关注他人、大家、集体乃至国家。而另一方面，中国人崇尚友好相处、追求社会和谐的思想，这使得我们在思考问题时存在着很强的“趋同”倾向，也就是说我们总倾向于寻求与他人或大家相同或类似的看法或立场。中国人总是特别在意“别人或大家对某一问题怎么看”，做事情前总要先了解别人或大家的看法或见解后，才会去想自己应该有什么样的观点或态度。我们习惯于“随大溜”“人云亦云”，也乐于接受或理解他人的不同见解；如果自己的观点与众不同时，中国人往往不愿意直接挑明，而喜欢含蓄、隐而不露的表达方式，我们不太喜欢标新立异的做法，也不喜欢引人注目和抛头露面；受儒家“以和为贵”观念的影响，中国人较为忌讳与他人因意见分歧而争论不休、激烈对抗或抗争到底。这种趋同思维也使我们的思想易于兼收并蓄，思维冷静、稳重、全面，但同时也较为保守僵化，虽然和谐有余但竞争不足，稳定性有余而创造性不足。中国人整体思维的特点使得我们对通盘、综合考量较为擅长，我们的思维十分缜密，也很善于辩证思维。

综上所述，中国人的思维方式以注重直觉体悟、依赖经验与辩证的螺旋式形象思维为主体，具有主题深刻、意象丰富、形式活泼、生动形象、思维严密、注重整体、强调共性、全局观及整体感较强、崇尚求同思维等特点。其不足之处是：同其语言文字一样，虽然人文性、艺术性较强，但逻辑性和自然性稍弱，略嫌繁复；稳定性有余而创造性不足。

（三）西方人的思维方式

大多数西方人的思维方式都是相似的，其形成方式与中国人没有什么不同，只不过在数万年前，西方人的祖先所处的特定的历史条件和生存环境大大不同于中国人的祖先，因此逐步形成了迥异于中国人的思维方式。具体特点概述如下。

1. 思维形式

西方人的思维形式与东方人，特别是中国人不同，他们善于抽象思维。这种思维形式是与现实世界物象相脱离的抽象思维，是基于逻辑推理和语义联系的逻辑思维。这其实也是因为西方人的思维受到印欧语系语言特征的暗示和诱导所导致的。西方语言的拼音文字较为强调人的智力运行轨迹。它的书写形式容易造成一种回环勾连，就像溪水长流斩而不断的流线效果，这也就使得西方人很容易受到诱导去关注事物的联系性。这种状态和语法形式共同起作用，极大地强化了印欧语系民族对事物的表面逻辑联系的感知能力。抽象的书写符号和语音形式与现实世界脱节，容易迫使印欧语系的民族在更多的场合脱离现实世界来进行抽象的纯粹借助符号的形而上思考。这也就是说，西方语言文字是通过没有意义的字母的线形连接构成有意义的最小语言单位——单词，然后再通过单词的线性排列构成短语、句子和篇章，它所走的是“点—线—面”的路子，所以西方文字较为缺乏立体感，更加没有任何象形会意的功能，因此也就没有办法诱发西方人的形象思维，随着时间的推移，西方人逐渐形成了脱离现实世界物象、纯粹借助文字符号及其语义联系的抽象思维。部分学者（如连淑能）又将这种思维称之为“理性思维”，它是借助逻辑能力，运用概念、判断、推理等思维形式，探索、揭示事物的本质和内在联系的思维方式，这种思维方式具有逻辑性、抽象性、客观性、分析性、确定性的特征。西方人所擅长的抽象思维极富事理性和推理性，这也使得西方人较为看重实体，强调逻辑论证和实证分析，重视创建理论体系，追求精确性，乐于并善于思考和设想与现实世界无关的未来，具有超前性。

2. 思维方法

西方人在进行逻辑思维时，偏重演绎法。上文已经说过，西方拼音文字的线性特征及其立体感较为缺乏，这也使得西方人在进行逻辑思维时，往往采用的是“由点到面”的思维，这种思维倾向于演绎法。萨莫瓦等曾经说过，“大多数美国人采用演绎式的推理方法来解决问题，而来自亚洲文化的人士则往往会运用归纳法”。利奈尔·戴维斯也曾经指出：“一篇由西方人撰写的论文总是有一个固定的中心论点，文内的所有细节也都按照与该关注点的关系进行安排。作者的见解往往在文章的开头部分就已强烈地表达出来。”即在大多数情况下，西方人撰写文章总是惯于开门见山、直奔主题，通常情况下，论文每一段的第一句往往就是主题句，其后围绕该主题句展开阐述或举例论证。也就是所谓“由一般到特殊或由抽象到具体”“先立论、后展开”的思维方法。在对一系列问题或论点进行阐述或者围绕某一立论给出一系列分论点进行论证时，他们通常会按照一定的逻辑顺序，由点到面将它们一一道来，循序渐进，一气呵成；或者像剥笋一样，从多个层面对事物进行由表及里、节节深入的分析，最后再找出现象的本质或得出问题的结论。西方人的思维在各部分、各层面之间通过运用语言中丰富的语法与词汇的形合、意合手段，形成较强的语义衔接关系，显得十分严谨，表现出解析型思维擅长条分缕析、注重微观与局部的典型特征。

3. 思维路线

西方人的思维呈直线形，具有直接性的特点。这一点依旧始于其语言文字的诱导、暗示作用，与上述抽象思维的形成大体相同。西方人在思维中长期采用线形连接和排列的文字符号的方式，使他们的思维路线呈直线形，具有较强的直接性。上述所说的西方人写文章时直奔主题的方式就是这一特点的显著反应。语言文字的诱导、暗示作用还直接影响着他们在日常交际中的表现，无论是在国际外交、商务谈判还是在日常生活中，以英美为代表的西方人在待人接物时，总是表现得较为直接、外露、大胆、开放，语言表达直截了当、干脆利落，态度鲜明。举例来说，就我们大家所知的，在语言表达中，口语无疑要比书面语更为直接，而西方人历来重说轻写。在西方历史反战进程中，自柏拉图以来，西方人就十分重视雄辩术，而且世界上著名的演说家大多数也是西方人。可以说西方人喜欢争论是素来的秉性，遇到问题他们总是喜欢争个水落石出；此外，古代西方人流传下来的书面文字材料大大少于中国，在写的方面他们的素材就远少于中国。此外，西方人在进行商务谈判时很少有寒暄之类的过场或旨在拉近关系的酒宴，大多是开门见山、直奔主题。表现西方人思维直接性的最典型的例子当然是男女谈恋爱，西方男女尤其是男子，对异性易于一见钟情，在向对方示爱时，往往不加掩饰地直接表白自己的爱意，而且相爱男女可以在大庭广众之下无所顾忌地拥抱、接吻等等。

4. 思维顺序

西方人的思维顺序多是由小到大，从微观到宏观。如果他们在思考过程中同时涉及许多大小、等级不同的概念时，其思维顺序就会与中国人大相径庭，他们一般是先小后大，由微观到宏观，也比较注重细节。这方面最典型的例证当属写地址的习惯，他们写地址时会按照门牌号、街道名称、行政区名、市名、省州名、国家名的顺序依次排列。再如，西医讲究“对症／辨病治疗”，侧重于人体局部，即“头痛医头、脚痛医脚”；而中医则讲究“辨证论治”，把局部疾患同人的整体紧密联系在一起进行诊断和治疗，注重宏观。

5. 思维倾向

西方人的思维倾向多为个性本位，求异思维较为普遍。受其世界观、价值观的影响，西方人的思维具有强烈的“个性本位”和“求异思维”（也称逆向思维）的倾向。一方面，西方人在思考问题时总喜欢从个人的角度（包括个人的立场观点、个人的功利权益等）出发，而将他人、集体排在第二位。这也是他们思考问题总是注重局部和细节、总是先小后大、从微观到宏观的主要原因。另一方面，西方人具有的强烈的个性意识使他们十分注重个性的张扬，喜欢标新立异而不愿随波逐流；他们对于不甚了了的问题喜欢较真，容易发生“打破砂锅问到底”的现象；西方人也崇尚竞争，反对“和稀泥”，对别人不同的见解也绝不轻易苟同，而是要经过激烈的辩论直至把问题弄个水落石出才肯罢休。这种求异思维使得他们的思想往往极富挑战性、创造性和前瞻性。

总而言之，西方人的思维大多以讲究逻辑推理的、重视理性与实证的直线式抽象思维为主体，且具有主题鲜明、概念清晰、要点突出、层次分明、逻辑严谨、思维简洁、强调个性、注重细节或局部、崇尚求异思维等特征。略有不足的就是这种思维方式虽然逻辑性、自然性较强，但人文性、艺术性相当差，也较为缺乏形象、略显呆板，且其全局观、整体感以及稳定性与中国人相比稍逊一筹。

二、自然环境的不同

某个民族在一定区域内居住、劳动和生活的同时创造了相应的文化，与这个民族以及相应文化相联系的有关自然地理条件就是我们所说的自然环境。自然环境是中西文化差异的横向决定因素，是人类社会及民族存在和发展的永恒的、必不可少的物质前提。它主要在历史的特定时期起着巨大的作用，越往后影响力越弱。这些因素主要包括文化所在地区的自然环境情况，如气候、地形、资源等。它们对文化的最初形成具有奠基作用，直接决定着文化的最初形态和以后的大致走向。

关于自然环境，特别是地理环境对人类文化发展的影响问题，是长期以来争论比较激烈的问题之一。环境决定论者认为，人类的体质特征、心理特征、民族特性、文化发展、社会进程等，均受自然环境条件的支配。这种观点自古希腊时代起就已经存在，直至工业革命后，随着人类改造自然能力的增强，这种否定人类主观能动性，带有宿命论色彩的观点才开始受许多学者的批判。双方的争论旷日持久，以致后来矫枉过正，形成了偏激的观点：认为人类可以战胜并支配自然，使其为己所用，而无须顾忌自然的惩罚。

实际上，自然环境对文化的发展是否具有决定性的影响，应该具体问题具体分析。应该说，在人类文明的早期，自然环境对文化的影响是决定性的，而随着人类社会的发展，人类的主观能动性逐渐增强，自然环境的影响力逐渐减弱。也就是说，环境的影响作用与历史发展的时间进程是成反比的。它主要在特定时期起重要作用，就纵向发展而言，是呈递减趋势的。

（一）地理条件

一般来说，文化的差异最初都是来自对自然世界认识的差异。自然地理条件决定了各民族各地区文化发展的最初方向。稍微比较一下中国和欧洲的地形图，就能发现一个显而易见的问题。中国的地形是一个典型的次大陆。东边是浩瀚的太平洋，在近代以前，是缺乏可以横渡的交通工具的。用黑格尔的话来说，它是古代中国人“陆地的中断”。中国南边是变幻莫测的南海和热带雨林，在近代以前，贸易断断续续，远称不上是繁忙的交通要道，因此对中国早期文化的影响也极为有限。西边是高原和雪山，有西南和西北两处通道和外界相通。西南通道非常隐秘，并且地处蛮荒，险恶无比，汉武帝时曾派出探险队探访，却无人生还。西北的丝绸之路，是古代中国和外界交往的主要通道，而影响中国文化的异质元素，主要就是从这里传入的。但即便如此，它也是一条险象环生的旅途，并且经常受脆弱的中亚政局的影响。北方是狂暴的游牧民族生活的大草原和戈壁滩，除非迫不得已，中原王朝没有主动和他们打交道的兴趣；再往北，是寒冷的西伯利亚。这种几近封闭的环境在很大程度上隔绝了异域文化，促使中国人形成了“天下中心”的观念。加上临近只有来中国“取经”和朝贡的“学生”，并且缺乏高度发达、足以和中国抗衡的文明中心，便使古代中国人形成了“天朝上国”的优越心理。

此外，从内部来说，虽然黄河和长江横贯大陆，但是它们并没有成为文化传播的障碍。从历史的经验来看，只要占据了肥沃的黄土高原，就能西取巴蜀，东临华北，南吞吴越，一统中国。而汉民族的人口优势，使得这种易于统一的战略形势更为明显。这种由地形带来的长久大一统的历史给中国人民带来了长久的和平，也造就了中国人追求和谐安宁、缺乏竞争精神的性格。

欧洲的地理环境比较开放。南边风浪适宜的地中海，是造物主对欧洲天然的恩赐。对于古代欧洲人来说，它更像是廉价而又快捷的高速公路，将其与北非、西亚这些先进的文明中心连接起来。与古代日本人一样，罗马帝国之后的欧洲人自认为处于荒蛮之地，文化落后，所以非常乐于学习。

欧洲的地形也非常奇特，很像一只手掌。掌心是被阿登高原和莱茵河分开的法国和德国，手腕是古俄罗斯基辅地区，斯堪的纳维亚半岛、不列颠群岛、比利牛斯半岛、亚平宁半岛、巴尔干半岛则像五个伸出的手指。各个区块之间都有天然屏障隔开。大致来说，区块间的领土面积相差不是太悬殊，每个区块的民族成分相对单一。相比于全欧洲而言，也没有哪一国的民族能形成绝对的人口优势。这种状态和中国截然相反。从历史经验来看，哪怕是拿破仑和希特勒这样的野心家也没能统一全欧洲；即使统一了，这么复杂的地理环境和民族成分也会是长治久安的障碍。

这种分裂而又大致平衡的地理形势，造就了一个紧张而又竞争激烈的欧洲。由于国家林立、恩怨纠结，再加上资源紧张，“落后就要挨打”这句话不一定适合古代中国，但用它来描述中世纪的欧洲却是再形象不过了。在古代中国，一项发明创造或者一种新的思想如果被当政者否决，那么它恐怕很难再有出头之日；但是在欧洲，此处碰壁却可以彼此成就，而拒绝采用新生事物的国家就会被时代潮流远远抛在后面，或者还会遭到对手毫不留情的打击。正是这种充满残酷竞争的动态平衡，造就了西方文化独特的性格魅力。

（二）气候与物种资源

中国文化和西方文化最显著的区别在于中国文化是一种农业文化，而西方文化则更多地带有商业文化的色彩。为什么会产生这种差别呢？首先要谈到的是气候和土壤因素。

中国古代的农业发源地主要有两个：北方的黄土高原和南方的稻作区域。这两大区域基本上以秦岭为界，相比于欧洲，它们在农业的发展方面都有其天然的优势。中国南方的大部分地区属于典型的亚热带季风气候，每年的冬、夏两季分别受来自蒙古—西伯利亚的寒流和来自热带海洋的暖湿气流的交替影响。在这两种气流的交替作用下，四季分明，夏季高温多雨，冬季低温少雨。这种气候非常适合发展农业，对水稻等夏季快速生长的高产作物尤其有利。而欧洲在这方面则有点先天不足。地中海气候的特点是夏季高温干燥，冬季温和多雨。这种不协调的配合，对农作物的生长极为不利。所以欧洲只能种植生长缓慢的耐旱作物，此外还需要发展木本经济作物和畜牧业来弥补农作物低产的不足。而中国北方的黄土高原，虽然也缺少降水，但是其土壤系由每年秋冬季南下的西伯利亚寒流搬运的中亚、蒙古高原等地的风化细沙历经千万年沉积而成，土质细腻，富含养分，只要组织得当，灌溉到位，极易丰产。

在农作物的培育上，水稻的种植对中国文化影响深远。水稻是一种生长快速、产量极高的作物，同时也是一种需要精耕细作的作物，它需要密集的劳动力，这使得单位面积的土地能养活更多的人口，但同时也将大量的人口束缚在土地上。在和平年代，往往造成人口的爆炸性增长与土地日益紧张的局面。此外，由于耕作技术的原因，水稻只能小块种植，这种情况并不利于技术的革新。事实上，在人口膨胀的情况下，技术的革新会使原有的劳动力大量闲置，从而引发新的社会问题。

不管怎么说，早期中国在发展农业上的这种优势，使得农耕生产方式一经确立，便充分展示出其相对于其他产业的压倒性优势。农业在中国古代社会中占据支配地位不是偶然的。相比之下，由于农作物产量的关系，欧洲的耕地面积和人口之间始终处于一种较为平衡的状态。当然，他们也不得不发展其他产业，比如经济作物、畜牧业和工商业，以便与其他文明地区互通有无。由此，中西方文化走上了两条截然不同的道路。

农耕使得中国人安居乐业而不思流动，同时也逐渐发展起复杂的家族网络，最终形成强大的宗法制度。同时，人口的滋生也产生了在稠密的血缘群体中如何处理人际关系的问题。儒家学说最初核心的就是伦理关系，中庸的功能之一就是自我约束以达到和谐共处。在这种强调集体主义的宗法社会里，个人的社会地位与能力更多的是由其所在的血缘群体赋予的，个人的命运与家族紧密相连，所以保持家族的凝聚力与荣誉感远高于尊重个人的个性。也就是说，中国旧式的集体主义精神是以对个性的一定程度的压抑为代价的。因此，个人主义是不受欢迎的。这大概也是古代中国人崇尚平等无争的大同社会的原因之一。

中国式农业文化的另一个特点是抑商，这当然是和重农相配套的。但是如果考察中国先秦的历史，我们也可以认为，抑商政策起初被推行是为了生存于乱世。在冷兵器的战争时代，壮丁数量和后勤保障是战争胜利的两大决定性因素。农业人口的数量，不只影响着一国的农作物供应量，更直接决定着国家可掌控、可征发的壮丁数；而抑商便于国家控制流通领域，以确保战争的后勤供应。只是后来随着统一政权的兴起，抑商的目的、手段和实质都发生了重大改变。统治者发现这一政策非常有利于其政权的稳定，因此将其作为一项国策保留了下来。

西方文化则截然相反，它受海洋文化和商业文化的强烈影响。古代的欧洲人，只身漂洋过海去经商，靠的是个人非凡的勇气和决断能力，而不是家族血缘关系的庇护。高额的利润激发了他们的冒险精神，艰险的旅途引发了他们征服困难的雄心壮志。其中展现更多的是个人主义，而不是中国式的宗族权力。关于这一点，黑格尔在其《历史哲学》中做过生动的描写："大海给了我们茫茫无定、浩浩无际和渺渺无垠的观念。人类在大海的无限里感到自己的无限的时候，他们就被激起了勇气，要去超越那有限的一切。大海邀请人类从事征服，从事掠夺，但是同时也鼓励人类追求利润，从事商业。平凡的土地、平凡的平原流域把人类束缚在土地上，把他们卷入无穷的依赖性里面……航海的人都想获利，他们是冒了生命财产的危险来求利的……从事贸易必须要有勇气，智慧必须和勇敢结合在一起。"可见西方文化的这种商业性格不仅造就了其崇尚冒险与征服的个人主义传统，同时也为其科学管理能力的培养打下了良好的基础。

总地来说，在自然环境上，中国自然地貌"三面高原一面向海"的特征对于古代人民来说属于一个相对闭塞的环境，使得古代中国文化基本上与外隔绝。同时地大物博的生态环境和优良的气候条件形成了自给自足的自然经济发展，使得中国人提倡尽物之性、顺物之情。而农业社会的稳定、家人亲友的长期聚居，形成了中华民族在思想文化上表现为喜同不喜异、喜静不喜动、喜稳不喜变的特征。而西方所处的海洋环境培养了西方民族原始的冒险外倾的民族性格。在他们看来，人类的力量与海洋比较起来显得很渺小和脆弱。但是人类依靠自身所具有的勇敢、刚毅、伟大斗争精神征服了大海，因而人类的气魄比海洋更伟大。这一切也都塑造了西方民族开放、勇敢的性格。

三、社会环境的不同

社会环境也可以称作纵向诱导因素，主要是指由制度、政策、法规等构成的社会意识形态的总和。它们是在文化发展的过程中逐渐衍生出来的，随着文化本身的发展，它们反过来对文化也起着越来越显著的熏染和催变作用。

中国几千年封建社会的发展中，战乱不止、动荡不息，但超稳定的农业生产方式、社会组织形式、宗法伦理观念始终维系着中华民族的传统和生存。中央集权的政治制度、以血缘纽带为基础的宗法制度使老百姓产生了喜静厌动以及重乡土、重血缘的社会心理。而以孝为核心的伦理观念又限制了中国人的外出探求行为。孔子就曾指出：“父母在，不远游，游必有方。”

而西方民族海上商贸频繁的经济活动，促进了西方人进取冒险的民族性格的形成，在海洋文明的基础上将自然因素神秘化，弱化了血缘成分，将之转化为一种与血缘无关的宗教信仰，从而出现了西方宗教文化。古希腊的民主政治制度使民主观念、法治意识成为社会全体成员所达成的共识。他们认为人人能力相等，地位平等，行为自由，人与人之间更多地体现了一种独立的性格。在这样的政治背景下，国民的精神被极大地调动起来，形成了开放、积极、进取的民族精神。

综上所述，古代中国社会强调个人与社会的关系，是一种以集体主义为主要特征的社会；而西方社会却强调个人特性和自由，是一种以个人主义为主的社会。

第二节　大学英语教学中的文化教学

大学英语教育中文化教学的目的是将外国的先进文化介绍给中国，同时将中华文化传播到世界。

大学英语教学中目的语文化的学习和学生的母语文化不应是冲突的，而应是相辅相成的。一个通达明智的民族会在精心地维护、哺育和保持母语的同时，鼓励它与外语共存和竞争。不同语言同时使用的范围越广，各种语言共同存在的趋向越明了，语言本身所能获取的收益就越大，对思维和语言技能的影响也越积极有效，甚至在语言长时间混合的情况下，善于梳理的精神能造就一种与自身相配的形式。了解一门外语能打开目的语文化的窗户，讲英语或汉语也能给学习者用“英语的或汉语的眼睛”看世界的机会，但不会让他放弃自己的判断力、理解力以及自己的个人身份，反而能让他重新面对并评估母语文化和目的语文化。学习目的语文化能提升对母语文化的理解，从异文化的立场观察母语文化，能察觉出我们作为母语文化的群内人所不能发现的东西。同时，对母语文化有良好的理解才能客观地发现母语文化和目的语文化的共同点和不同点，学习目的语和目的语文化并不意味着同化，而是用一个新的视角去看待母语文化和目的语文化，学会包容和理解不同文化，可以培养学生在学习和研究中具备宽广的视野和大度的心态。

一、文化教学在大学英语教学中的地位和作用

在我国，“文化教学”正式提出最早见于20世纪90年代初语言与文化研究的相关文献中。在此前的20世纪80年代，我们通常称其为“文化知识课程”，专指为英语专业学生开设的诸如所学语言国概况课、国情知识课、文化知识课等教学科目及其教学方法。20世纪90年代起其内涵才有了新的扩充，指在英语教学中将语言教学与所学语言国的国情文化知识及语言所包含的文化背景知识融为一体的教学形式及方法。本书所说的文化教学，主要为后一种，指与英语教学中“语言教学”相对应的传授或移入所学语言文化背景知识及其民族思维方式的教学形式和方法。文化教学并不是历来就受到人们重视的。尽管近20年来学术界和教育界对其在英语教学中的地位和作用有了新的共识，但无论是理论上还是实践中都还与英语教育目的的客观要求有一定差距。因此，我们认为有必要就此问题展开讨论，尤其是一些理论问题，如文化教学的实质，文化教学的重要性、必要性和文化教学的功能、作用等。

（一）文化教学概念的内涵

文化教学概念的提出，理论上源于人们对语言功能的新认识和语言与文化关系研究的新成果，实践上是积极引进和借鉴外国尤其是美国、英国、德国等新的教学理念和方法的结果。

从我国英语教学发展的进程及背景看，它无疑是20世纪80年代起在我国英语教育领域发生的教学思想、教学观念以及教学内容和教学方法上的一次新的飞跃。甚至可以毫不为过地说，该理念的诞生及其在英语教学实践中的应用，标志着我国英语教学真正进入了由传统走向现代的新阶段，这是对传统的一种“反拨”，更是本质的回归。

回顾和总结过去几十年我国英语教学的理论与实践，不难看出，它基本上是围绕语言知识教学——词语分析、语法讲解、句型操练这样一条主线进行的，侧重语言“内功”，而对语言外或非语言的“外功”即交际文化因素却不予重视或重视不够。这恐怕是长期以来人们对语言的认识受“语言工具论”思想的影响所致，认为语言只是个“工具”，人们利用它来进行相互交际。这种狭隘的工具观容易把人们导向工具主义，使人们只注意工具本身，即语言系统，而忽视语言外的种种制约因素以及言语和言语交际的生成机制。久而久之，人们就习惯了把语言仅作为一种符号来进行传授的教学模式和教学方法，习惯了做语言内部结构的文章，而很少跳出语言本身的范畴深入语言外部去探究语言与文化之间的必然联系。自20世纪80年代中期起，受国际上文化研究浪潮的推动，同时受社会语言学、认知语言学、英语跨文化交际学、汉语文化语言学等一批新兴交叉学科理论的启迪，使语言与文化、语言教学与文化教学的关系等问题，日益成为人们关注的热点，同时也使人们渐渐认清了这样一个真理：英语教学只传授语言知识是不够的，甚至是有害的；语言教学必须与相应的文化教学结合起来，才能最大限度地达成现代教育的既定目的。那么，文化

教学的内涵究竟指什么呢？对此，不同时期和不同学科有不同的解释。

从时间上看，上文已经提到，20 世纪 90 年代以前所谓的文化教学，是指英语教学中为扩大学生知识面而专门开设的所学语言国的国情知识和文化知识课程，20 世纪 90 年代起又有了新的内涵，同时还指结合语言教学而进行的移入相关语言文化背景知识的教学。

从不同学科的界说和具体实践看，汉语文化语言学将文化教学定位在两个方面：一是专设的中国文化课程，如中国文学、中国哲学、中国文明史、中国概况等；二是指与汉语教学同步进行的相关中国文化尤其是汉语言文化的教学内容及教学过程和方法。英语跨文化交际学所指的文化教学，据胡文仲先生归纳主要涵盖以下四个方面的内容：在教语言（语音、语法、词汇、篇章、文体）的同时结合语境和文化背景、文化内涵；分析学生由于文化因素干扰造成的语言错误，从而提高学生对文化的敏感性，使他们认识到交际绝不只是掌握语言形式所能解决的；开设所学语言国家的历史、文学、概况等课程，系统地传授知识文化；开设语用学、语言国情学、语言与文化、跨文化交际学等课程，从理论上提高学生的跨文化交际意识的能力。

可见，跨文化交际学对文化教学概念及内涵的界说，与汉语文化语言学基本相同，只不过将文化教学的内容由两个方面扩展到了四个层面，即语言本身的文化知识的传授、交际领域言语行为文化背景知识的讲解、专门的文化知识课程体系、语言与文化相关学科的专业课程等。

以上可以看出，所谓文化教学，其概念和内涵实际上有广义和狭义之分。从英语教学的实际和需要看，我们认为将文化教学的概念和内涵严格限定在英语教学本身即狭义的范畴内更加妥当，这是因为：

（1）我们所谈论的文化教学，实际上是针对传统的只注重语言本身的语言教学弊端或危害而言的，它们应该是同一整体中的两个不同的方面。

（2）文化教学不应该看成是与语言教学对立的单独系统，而是语言教学过程中的辅助形式，它们的语言材料相同，教学方法也相同；英语教学脱离语言教学的本体，就谈不上还有什么文化教学，更谈不上有单独系统的文化教学。

（3）我们理解的文化教学是：在英语教学的语言教学过程中移入所学语言国相关文化知识和文化背景知识、该民族的思维方式、中西文化对比等的教学过程、教学形式和教学方法，同时也包括开设与语言教学有关的语言文化学专业课程。

（二）文化教学在英语教学中的地位

通过对我国英语教学历史的简要回顾和文化教学概念内涵的分析。我们已经清楚地看到英语教学引入文化因素以更新传统教学内容和教学方法的必要性，以及把文化教学作为英语教学组成部分的可能性。那么，从理论与实践的结合看，文化教学在英语教学中究竟应占有什么样的地位呢？这是我们必须认清而又应当做出明确回答的问题。

1. 文化教学可作为英语教学的基本原则

在过去相当长的一段时期，我国的英语教学严格地说都没有突破单纯语言知识、技能、熟练训练的框框，教学主要是围绕词语结构或句型进行和展开的，所以学生学到的更多的是语言表面的、孤立的知识或单纯的词语指称意义，这与英语教学的培养目标是不相适应的。成功的英语教学应当把培养学生实际运用语言的能力放在首位，这种能力就是我们所说的跨文化交际能力。但跨文化交际能力的培养没有社会文化能力或文化理解能力作为基本内容是不可能达成的。文化教学就是旨在给学生注入“社会文化能力”或“文化理解能力”。它既强调学习语言知识的广度，即语言与文化、语言与国情的横向关系；同时又强调学习语言的深度，即向学生传授语言本身所包含的丰富的民族文化信息。实践证明，在英语教学中向学生讲授语言中蕴藏的文化背景知识，不仅是一个重要的教学方法，而且是一项重要的教学原则。贯彻这一原则，可以有效地克服传统外语教学内容的缺陷，从而进一步提高学生运用和掌握语言的能力。

2. 文化教学可作为英语教学的有效手段

英语教学的目的是要向学生传授基础语言知识，首先是培养学生的语言能力；其次要对其进行文化移入，以使其更好地掌握语言，还要获得跨文化交际的能力；最后还要实现一般英语教学都必须完成的教育任务。文化教学与语言教学相结合，可以成为实现这一目的的有效手段。传统的英语教学常常把语言作为与母语不同的一种符号体系来进行传授，学生除了获得一些单纯语言知识和语言运用方面的技能外，文化适应能力普遍较低，教学目的也不明显。而文化教学强化语言的社会文化功能，着力于开发语言的民族文化信息。它不单为语言而去教语言，或把语言仅仅作为一种符号和工具去传授，而是把语言教学与获得文化知识、文化习俗和言语行为能力以及掌握该语言的民族所创造的文化财富等有机地结合在一起。这样，学生在语言学得与习得的过程中，同时也获得了对目的语文化的学得和习得，从而使英语教学的教育目的得以实现。

3. 文化教学可作为英语教学的重要内容

传统的英语教学把教学内容分为听、说、读、写四个方面。当然，这是学习语言要掌握的四大技能，是学习任何一种语言都离不开的。这对着力于打好语言基本功的英语教学来说，是教学的中心任务。但是，仅有这些是否就够了呢？回答应该是否定的。上面已经谈到，这四大要素只不过是语言学得和习得的几大部分而不是整体，文化知识也应作为英语学得与习得过程中的重要内容。当然，英语教学是否需要把语言中包含的文化知识作为一门单独的学科进行教学还值得研究。但我们认为，至少可以把语言中包含的文化知识作为教学中的一项重要内容给学生进行传授。我国几十年的英语教学实践已经证明，语言离不开文化，语言教学不讲授文化知识是不全面的。

4. 文化教学可作为英语教学最主要的方法

我们曾把英语教学的实质概括为“交际”或“文化适应”，那么毫无疑问，施行以“交际”为实质的英语教学，行之有效的方法应该是采用跨文化交际教学法。该交际法的核心特征是“信息转换”，即体现为“语言”“使用”和“文化”三个过程。开展文化教学就是实现这三个过程的最主要的方法之一。因为我们知道，英语教学中的文化教学是区别于其他语言学科的一个显著标志，就是它同时兼有语言学、文化学和教育学的性质。从这点上讲，我们可以对文化教学做如下简要结论：

（1）英语教学，不但要使学生掌握英语语言知识，还要使其懂得用英语进行交际所需的各种文化背景知识。

（2）英语教学，不但要使学生学会英语的语言规范和言语行为准则，还要使其学会交际所需要的非言语规范和非言语准则。

（3）英语教学，不但要进行语言教学，还要进行相应的文化移入，后者为前者服务，以保障学生跨文化交际的正确理解和表达。

（4）英语教学，不但有母语的干扰作用，而且有母语文化的干扰作用，只注意前者而忽视后者，便会造成跨文化交际中的文化负迁移。

（5）英语教学中，母语文化的干扰作用是可以通过问话比较的方法加以预防和克服的。

（6）从事英语教学的教师应当同时具有较高的母语与所教英语的文化素养，教学过程中的文化意识及文化比较意识也是施行文化教学的必要条件。

（7）文化教学要结合所教授语言知识的内容进行，并用所教英语作为教授工具。

（三）文化教学在英语教学中的作用

以上我们分析了文化教学在英语教学中应有的地位问题，如果我们能在教学中积极主动地进行文化教学，那么通过教学双方共同的努力，就可以对学习主体和教学结果产生双重效应。这是文化教学在英语教学中发挥应有作用的前提。

1. 文化教学可以激发学生的学习兴趣

学习英语必须具有一定的学习动机，而动机又来自学习兴趣。对于这个问题，古今中外的教育家都有过不少精辟的论述。但是，我国传统的英语教学对此似乎还缺乏深度的认识和实践。这种现象不仅表现在教学中，也表现在教材中。心理语言学的基础理论告诉我们，兴趣是最好的老师，是学生学习活动的内驱力。西方文化的异域风情能唤起学生的好奇心、激发学生的学习热情。值得一提的是，文化教学不仅有利于培养学生内在的学习兴趣，激发学生的学习热情，而且有助于调动教师授课的兴趣和积极性。由于教学活动不再仅仅停留在词形变化、遣词造句、语法结构等纯语言知识范畴，而是与教授语言中的文化背景知识同步进行，这就使教学内容和形式由原来的枯燥、单调转向生动和丰富，从而激发起教师教书的积极性和创造性。

2. 文化教学可以优化学生的知识结构

我们知道，文化教学通常是通过所学语言本身向学生传授文化知识的，学生可以通过语言获取所学语言国的人文、地理、历史、政治、经济、教育、文化、社会制度、生活方式、风土人情、社会传统、民族习俗、言语礼节以及民族心理、伦理道德、行为规范、传统观念等一系列知识，从而使学生的知识结构发生“优化”。因此，我们说，文化教学是对所教学英语综合的、整体的、多层次的分析和观察，能起到优化学生知识结构的作用。

3. 文化教学可以优化学生的能力结构

从我们建构的跨文化交际能力结构图中可以看出，文化教学致力于英语教学交际文化各因素的揭示，给英语教学移入诸如语构、认知、语用等交际文化知识，以及手势语、社交礼仪、交际环境、交际方法、交际态度等方面的非语言文化知识，这无疑能有效促进学生跨文化交际能力的生成。尤其是语用文化因素的移入，使学生在解决说什么的问题后进一步提升其语言的实际运用能力，防止和克服“社交语用失误”，即因不了解谈话双方文化背景差异而影响语言形式选择的失误，有效解决怎么说、怎样说更得体的问题。此外，文化教学还可以解决话语行为的准确度问题，并对交际模式的选择、话语结构的优化、个人言语行为能力的提高等，也都有直接的影响作用。这方面的例子不胜枚举，如英语中最常用的 Please 一词的使用场合问题就是一例。人们往往认为 Please 的意思就是相对于汉语中的“请”。但英语中让别人先进门或先上车时，就不说 Please，一般说 After you；在餐桌上请人吃饭、吃菜、喝酒或请人吸烟时，一般也不用 Please，而用 Help yourself to something。

4. 文化教学可以提高学生的社会文化能力

社会文化能力是知识背景的深层次结构，也是通过语言的外表进而对语言所反映的内容的综合理解能力，因此，它属于背景知识的范畴。我们在英语教学实践中经常听到学生这样说：我的听力不好，我的阅读能力差，我记不住单词等等。实际上，一个人能否听懂一段话，读懂一篇文章和有效地记住所学的英语单词，并不完全取决于学生的听、读以及记忆的能力和技巧。在这些能力和技巧之外，有一个十分重要和关键的因素——社会文化能力或文化理解能力问题。显然，文化教学的性质恰恰是以培养文化理解力即社会文化能力为出发点和归结点的。从另一个角度讲，英语教学的目的是培养学生的跨文化交际能力，而文化理解能力本身就是一种交际能力，所以，应培养学生的文化理解能力即跨文化交际能力。

二、英语教学中文化教学体系的构建

（一）目前语言文化教学的几种模式

1. 语言文化教学的“分离式”

在西方，对语言教学中文化因素的重视可以追溯到 19 世纪末。由美国现代语言协会起草的一份报告中，第一次提到欧洲文化应作为欧洲语言教学的一部分。其后，在英国，一个由首相指定的国家委员会根据他们的工作起草了一份名为《现代学习》（*Modern Studies*）的报告，该报告对文化因素尤为强调。第二次世界大战后，文化教学受到各国语言教学界的普遍重视，其涵盖的范围也更广泛，从“大写的字母 C 文化”扩展到“小写的字母 c 文化”，将人们的生活方式、行为规范、风俗习惯和社会关系等也包容进来。但是，在语言教学的交际法兴起之前，语言文化教学基本上是一种“分离式”：将文化看作是一种可以和语言剥离开来的“知识”，在语言教育的课程设置中加入这一“知识”课程。反映在语言教学的实践中，往往体现为两大倾向：一是“重语轻文”；二是重语法形式，轻功能内容。这也是我国传统英语教学中典型做法。

2. 语言文化教学的“附加式”

语言教学交际法的引入并盛行使我国的英语教学经历了一场持久而深刻的变革，语言与文化的“研究热”也推动着语言文化教学进入一个新的阶段。越来越多的英语教育工作者意识到文化教学是英语教育不可分离的部分，当前英语教学中一个越来越为人们所普遍接受的观点是成功的二语习得与第二文化习得是相辅相成的。语言教学交际法将文化视为“行为”，以培养学生的“交际能力”（communicative competence）为目标，这种做法能很好地革除传统的英语教学中常见的“哑巴英语”和“聋子英语”的弊端。但在我们当前的语言文化教学实践中，还是存在一个认识上的“误区”，那就是，将“文化”看作是听、说、读、写“语言四会”能力之外的“第五技能”，也就是说，这种语言文化教学的模式仍然是将文化附着于语言教学上的“附加式”。有必要指出的是，这种文化教学的“附加式”与交际法的几个经典文件对文化教学的认识不无关系。卡南尔和斯温纳（Canale & Swain，1980）将交际能力一分为三：“语言能力、社会文化能力和交际策略。”而被交际法有关论文经常援引的“美国英语教学协会关于英语能力标准的暂行规定”（ACTFI，Provisional Proficiency Guidelines）更是明确地将“文化修养”规定为“说、听、读、写”之外的“第五技能”。国内学者在论及语言文化教学时也常采用“英语教学中的文化导入”或“英语教学中文化因素的处理”等论题。这充分说明，虽然文化在英语教学中的重大作用已为人们所普遍认同，但人们还是习惯于将文化作为英语教学的一个附加部分来处理。

3. 语言文化教学的“融合观”

长期以来，在语言文化教学中，人们都持语言 / 文化二分的观点。这种“二分法”（dichotomy）可以在语言研究和语言教育的历史中找到其历史渊源：现代语言学之父索绪尔（Saussure）在奠定现代语言学基础时采取的就是语言 / 言语二分法；语言学大师乔姆斯基（Chomsky）也将语言分为语言能力和语言运用。但在语言文化教学中是否同样适合采取这种“二分法”呢？

著名语言文化教育研究专家克莱姆斯（Kramsch）在其 1993 年出版的《语言教学的环境与文化》（*Context and Culture in Language Teaching*）一书中，对英语教育中诸多的“二分法”进行了深入的分析和批评。让我们以“语言文化”的二分法为例：“尽管我们都认为语言与文化不可分割，但由于我们将这两者放到了一个对等的位置，使我们不知不觉地认为在教学中也有一个一分为二的语言部分和文化部分。”“这种人为的‘二分法’阻止了我们采取多层次及多维的眼光去观察一个问题的整体，相反，促使我们局限地停留在仅仅采取一种线性的、非左即右的方法，用黑白分明的眼光看问题，似乎强调了问题的某一方面，则一定会以牺牲另一方面为代价。例如，似乎强调了语言，就必然轻视文化；强调了交际，就必然要牺牲语法教学。”“这种做法的危害在于让语言教师无所适从，或在两个极端之间徘徊，或采取四平八稳、中庸之道的折中法，表面上平衡两面，实质上模棱两可，似是而非。”（陈申，2000）

Kramsch 认为，要走出这种“二分法”带来的困境，应该把语言和文化看作是“一个硬币的两面”，使语言文化教学融为一体。这就是语言文化教学的“融合观”。事实上，语言作为文化的载体，必然负载着文化的内容，语言和文化是很难剥离开来的。究其实践中的根源，教学实践中语言／文化二分的做法在很大程度上是为了教学的便利，但是这种人为的“二分法”不应当造成两者在实质上的分离和矛盾。那么，语言文化教学的融合该如何实现呢？

笔者认为，在语言文化教学实践中，认识到以下几点至关重要：首先，文化不应当仅仅被视为“知识”或“行为”，还应当被视为“意义”。语言文化教学是对“意义”的动态理解过程。其次，虽然在教学方式上可以将语言与文化两者“分而治之”，但不应将两者割裂开来，而应时刻注意语言与文化之间内在的联系。再次，充分发挥交际教学法的优势，以交际为契合点，将语言形式与文化内容有机地结合起来。最后，在教学实践中，要重视教学的过程，努力做到语言教学的过程同时也就是文化教学的过程。

（二）英语教学中文化教学的目标定位

1. 提高跨文化交流意识

长期以来，第二语言和文化习得被认为是一个归化于“目的语文化”的过程。就二语习得来说，近似于本族人的语言地道性也许无可厚非，但就第二文化习得而言，归化于“目的语文化”的“文化同化”现象不应当视为是英语教学的成功之处。事实上，不仅习得者自己对这种“文化同化”往往在情感上很难接受，而且目的语社会也同样不一定会接受所谓“同化”了的英语习得者。

Kramsch（1993）打破了英语教学中传统的“入乡随俗”观点的框架，提出了新的看法。她认为，英语教学中的文化教学应定位于“提高意识”（consciousness raising），而非“认同采纳”。笔者认为，文化教学的目的并非是要让学习者变得越来越“外国化”，而是要通过外国语言文化学习的“跨文化对话”让学习者具备跨文化的交流意识和理解意识（cross. cultural awareness），做到母语文化与第二文化的互动（interaction）。

2. 文化融合的目标：“1+1 ＞ 2”

高一虹（1994）曾对“生产性双语现象”（productive bilingualism）进行了考察和分析，认为这种英语学习模式既不同于“削减性双语现象”（subtractive bilingualism），也不同于“附加性双语现象”（additive bilingualism），它指的是这样一种情况：“在目的语的学习过程中，目的语与母语的水平相得益彰，目的语文化与母语文化的鉴赏能力相互促进，学习者自身的潜能得以充分发挥。”笔者认为，这种“生产性”的学习模式对于英语教学中的文化教学来说同样是一种最佳模式。从前文的分析可以看出，英语教学中文化教学的目标并不是要让学习者归化于目的语文化（“削减性学习”），也不是两种文化在学习者身上的简单累加（“附加性学习”），而是要让母语文化和第二文化在学习者身上形成互动（interaction），让学习者具备文化创造力。正如刘润清、顾嘉祖所言，“我们这些‘双语人’也许比外国人更外国人，比中国人更中国人。这是因为我们同时具有两种不同文化的智慧和眼光。我们看外国文化，比一个单语的本族人理解得更深；我们看中国文化，比一位不懂英语的同胞看得更透”（刘润清，顾嘉祖，2000）。因此，将英语教学中文化教学的目标定位为“1+1>2”应该是最佳选择。

3. 英语教学中文化教学体系的构建

英语教学不应只停留在听、说、读、写四项基本语言技能的培养上，而应以交际能力的培养为目标，这种观点已为当前英语教育界所普遍认同。戚雨村（1992）曾指出，“英语教学的任务是培养在具有不同文化背景的人们之间进行交际的人才”。但正如国内英语界许多人指出的那样，“在我国英语教学中，英语的文化因素，特别是交际文化，在很长时间内未得到应有的重视”（顾嘉祖，2000）。当前国内学生的英语交际能力与他们在英语考试中的高分并不相称的现象，在很大程度上要归因于对跨文化因素的掌握不够。

（1）构建英语教学中文化教学体系的必要性

根据胡文仲在外籍教师中所做的一项调查，约有93%的外籍教师认为，他们和中国学生之间存在文化差异，并认为应该把对这种差距的认识当作教学的一个目标；约53%的外教认为，“文化错误”（大多数以英语为母语的人觉得不合适或不能接受的语言行为）要比语法错误更难以接受。由此可见，跨文化因素在英语交际中直接关系交际行为的成败。但到目前为止，国内学生对跨文化因素普遍掌握不够。笔者认为，主要有两方面原因导致了这一现状：

①国内英语教育界长期以来对与英语教学密切相关的文化教学不够重视。过去，我们一直受语法翻译法、听说法等主导教学思想的影响，重视语言形式，而不重视语言运用，对语言习得与文化习得的密切关系更没有充分的意识。即便是在目前的交际法教学实践中，“穿新鞋，走老路”的情况实际上还在一定程度上存在，教师往往习惯于把重点放在语言形式的教学上。而对交际能力的培养和跨文化因素的教学则流于形式。

②与国内语言理论研究重点的导向和语言与文化研究的现状有关。在过去一个时期，国内语言学研究以内部语言学为主流，语言的结构形式也就成为我们英语教学的重点。近10多年来，外部语言学的研究（包括语言与文化和跨文化交际的研究）逐渐兴盛，于是

英语教学中的文化问题也日益引起研究者的重视。虽然语言与文化的相关研究正在向更深层次发展，但总地来说，研究的系统性和深度还不够。而且，尽管高校教师中有不少人去过英语国家考察，但他们占整个英语教师的数量比例尚小。许多英语教师仍然缺乏对英语国家文化的实际感受。

由此可见，由于观念上对跨文化因素的教学不够重视，缺乏系统的理论研究作为基础，英语教学中的文化教学已成为公认的难题之一。因此，在教学思想上加强对文化教学的重视，同时加强语言与文化研究的系统性，并构建英语教学中的文化教学体系，已成为目前亟待解决的一个问题。

（2）构建英语教学中文化教学体系的可行性

正如前文所说，文化的意义很宽泛，这种研究对象的复杂性使得语言与文化的研究难以形成体系。但是否因为这样，英语教学中的文化体系构建就不可行了呢？笔者认为，并非如此，主要有以下两方面理由：其一，文化虽然意义宽泛，但并非不可把握。文化研究者发现，每种文化都有反映其本质的“文化核心”。所谓“文化核心”，是由一套传统观念，尤其是价值系统构成的。语言与文化的研究，往往以此为根本出发点，最终又以此为归着点。因此，这种可以把握的“文化核心”的内容即可成为构建文化体系的基础。其二，英语教学中的文化因素主要涉及“交际文化”。“交际文化”指的是两个不同文化背景的人在进行交际时，直接影响信息准确传递（引起偏差或误解）的语言和非语言的文化因素。在语言与文化研究中和英语教学领域内对这部分“交际文化”进行系统总结，是切实可行的。

（3）构建英语教学中文化教学体系的基本原则

构建英语教学中的文化体系，既要注意体系构建的科学性，又要着眼于这一体系在英语教学实践中的可操作性。为此，提出以下几条原则：

①重点突出

我们注意到，在国内的语言文化研究中存在这样一种现象：简单罗列中外文化对比的种种细节，而不加以系统的科学考察；更有甚者，做出的只是一些牵强附会的“对比”。在构建英语教育中的文化体系时，应避免这种倾向。要系统归纳影响英语交际能否有效进行的跨文化因素，以利于教学实践的操作。

②注意英语教学中文化教学体系与语言体系的密切联系

语言与文化如水乳交融，切不可割裂开来。文化体系的各方面要能渗透到语言教学的各环节中去，使两者得到有机结合。

③对比中外文化的异同

跨文化交际的目的是为了交流，为了增进相互理解而进行的一种“对话”。我们重视文化差异，并非是为了简单的排斥或盲目的模仿，而是要让学生具备跨文化的交流意识和理解意识。

④要构建成一个开放式的体系

文化始终处于多元状态和变化发展之中，试图对文化做归纳性的描述，多少会有“一家之言”的倾向。鉴于此，应尽量少做规定式的构建，以免让学生形成“文化定式”（cultural stereotypes）的倾向。

（4）文化体系的基本内容

英语教学中的文化教学体系应以英语民族的交际文化为突破口，以公开的文化和隐蔽的文化为主线，并注意对比本民族的相关交际文化。作为一个完整的体系，它应涵盖以下三方面的基本内容：跨文化交际模式，目的语文化背景知识，目的语的民族心理、价值观念和思维方式等。

国内的语言与文化及跨文化交际的研究涉及以上三个方面，并有大量研究成果，较有代表性的有：胡文仲、贾玉新等关于“跨文化交际”的系列论著，王宗炎主编的“外国语与外国语言文化丛书”，邓炎昌和顾嘉祖同名为《语言与文化》的两部论著，以及对外汉语界关于中英语言文化对比的系列论著等。充分参考国内已面世的这些相关研究成果，并按以上三个方面加以系统总结，不失为当前英语教学中文化体系构建的一条可行之路。

以上三个方面内容可分别应用于文化教学的不同阶段。在英语教学的“初级阶段”（中学），文化教学应以“跨文化交际模式”为主，主要包括：典型的语言、非语言交际模式和主要的社会语用规则。在英语教学的“中级阶段”（大学非英语专业和英语专业低年级），文化教学应以学习“目的语文化背景知识”为主，主要包括：语言（特别是词语）的文化内涵、语体文化和英语国家的人文地理、风俗习惯。在英语教学的“高级阶段”（英语专业高年级），文化教学应以了解“目的语的民族心理、价值观念和思维方式”为主，这一阶段的内容涉及深层和隐蔽的文化，如英语民族的时间观、空间观和价值观等，教学目标较前两个阶段也有所改变，主要着眼于培养学生的文化洞察力、文化理解力，乃至文化创造力，即能够实现在两种文化之间的互动。

当然，所谓“阶段侧重”，并不意味着三方面内容的截然分开。其实，作为文化体系的组成部分，这三个方面的内容是相互交融的，而且，英语教学的每一阶段都有可能会涉及这三个方面的内容。构建英语教学中的文化教学体系尽管是一项较为复杂的系统工程，但它不仅可以促使语言和文化研究更具系统性，而且有利于英语教师和学生对文化进行系统的教学，进而提高学生运用英语进行跨文化交际的能力。这一体系的构建成型，必将促进英语教育中文化大纲的制订，填补我国只有词汇、语法、功能大纲，而没有文化大纲的空白。这对于消除我国英语教学中的积弊，提高英语教育水平，有着深远的意义。

第三节　大学英语教学中的文化教学误区

一、深层文化教学问题

对于大学英语翻译教学、提高学生跨文化交际能力，很多专家学者都提出了建议。例如，在传授语言知识和进行语言能力训练的同时培养交际能力，尽可能具体化、形象化地传授文化背景知识，重视比较中外文化的差异，组织生动活泼的活动（如表演、讲座等），以提高学生的兴趣和积极性。这些讲解和活动无疑是必要和有用的，但是这些文化教学并没有触及目的语文化的核心。

（一）什么是深层文化

英国文化人类学家创始人 Edward Tylor 于 1871 年提出第一个文化的定义后，各门学科从不同侧面分别对文化进行了定义，1952 年，AIfred L，Kroeber 和 Clyde Kluckhonhn 出版了一本两百多页的关于文化的不同定义的研究著作。

文化是知识、经验、信仰、价值观、行为、态度、意义、层级观、宗教、时间概念、角色、空间关系、宇宙观累积的沉淀物，是一群人通过数代人的个体和群体的努力获取的物质对象和财富。文化可分为表层文化和深层文化，表层文化指已暴露的文化，包括服装、道路、建筑物、饮食、家具、交通工具、通信手段、街道、村庄等。

深层文化的范围远远超过表层文化，诸如思想、信念和评价之类的属于深层文化。深层文化主要是指软文化，即精神文化，其主要埋藏物是观念（包括传统观念与当今观念），而观念的核心是价值观念……深层文化包含的主要成分是观念，包括人权观、劳动观、婚姻观、发展观、宗教观、法制观、道德观、个体与群体观，价值体系是各种观念的核心……是文化的深层内核，是民族文化的精神本质，决定着文化的特征和风范。

文化总是在不断发展的，只有深层文化不太容易改。文化“深层结构”是指一个文化不曾变动的层次，它是相对“表层结构”而言的，在一个文化的表面层次上，自然是有变动的，而且变动往往是常态。一个语言群体中的人按照他们的深层文化价值观来行动。

价值观是文化的核心，文化的其他部分像是洋葱的皮一样层层包裹着核心：

（1）外层的皮是文化的可见部分，而内层就是文化的不可见部分，层与层之间都有连接，内层可以影响外层（不可见的部分影响可见的部分）。

（2）最外层是符号，即词汇、手势、图画等。其次是英雄，即活着或死去的人物，真实的或想象的，只要他具有在一个文化中被高度赞扬并成为行为楷模的特质。再次是仪式，指为达到理想的目标在技术上并不必要的集体行为；但在一个文化中它是必需的，因为它使得个体限制在集体的准则内。最核心的是价值观。

（3）学习文化，不仅要学习表层的文化，如文学、艺术、食物、衣饰等，还要学习文化的核心，即人们的价值观、信仰等，这样才有助于我们更好地理解文化和与对方交际。

文化“冰山论”，将文化比喻为冰山（文化有可见和不可见的因素），文化中只有一小部分是可见的，如食品、衣服、图画、建筑、舞蹈等，这些是视觉可以触及的；文化的更大部分隐藏在冰山下，如观念、态度、喜好、爱、恨、习俗、习惯等，这些是触及不到的物质存在。

Hall 指出，“文化所隐藏之物大大甚于其所揭示之物，奇特的是，它所隐藏的东西最难为其自身的参与者所识破”。

（二）目的语深层文化教学的问题

语言是人与人相互接触时所使用的交际工具，是人与人之间传达信息或表达思想的媒介，语言不仅是符号系统和交际工具，也是使用这种语言的民族历史文化的载体，语言就像一面镜子，反映了民族历史、文化、心理素质的深层结构，隐形地规范着一个民族看待世界的价值标准和思维方式。相对于文化的深层结构而言，语法规则就只是语言的表层结构。文化的深层结构包含世界观（宗教作为一种世界观）、家庭观和历史观。

世界观是一种文化对于神、人性、自然、宇宙、生、死、病以及其他与存在相关的哲学问题的取向，而宗教是文化中形成世界观的最重要因素。家庭是最先教会孩子接触文化的，影响其观念和交流。历史则是传承过去的故事，影响观念并教会群体身份、忠诚和为什么而奋斗。

在英语翻译教学中加强文化教学，更重要的是要关注文化的深层结构、深层文化的差异，要注意大学英语翻译教学中对目的语深层文化的忽视，中国学生在跨文化交际时会出现文化方面的错误，表层文化的错误是容易改正的，但是那些和价值观、信仰等有关的“深层结构”的错误，则需要更多的努力和时间才能改正。由深层文化引起的错误比语言错误后果更为严重，很可能使中国人和外国人在交际中产生情感上的不愉快。例如，社会学系的一名学生因故没去上外教的一次课，后来在校园里偶然碰到了外教，外教向学生述说由于她生病了，所以那节课没上成，这名学生听后高兴地说“这下太好了我没缺课！我还担心自己错过了你的课呢！”结果他发现外教不太高兴。学生觉得不落下课程是重要的，他这样说实际上是想向外教表达他喜欢外教的课程，是对外教的一种褒奖，同时也表明自己是一名很用功的学生。但是外教觉得人是最重要的，她生病了，学生不但不表示关心反而如此高兴，真不可思议。学生表述时没有犯语法方面的错误，却表现出两种文化由于深层原因对待事物价值观的差异。

在培养大学生跨文化交际能力的文化教学过程中，我们忽视了一个极重要的方面，即深层文化的输入，大学生在大学英语的课堂中触摸到的基本上是目的语文化的外壳。大学英语翻译教学关注了传授语言知识和进行语言能力训练，在传授文化背景知识时尽可能地具体化、形象化，组织生动活泼的活动，如表演、讲座等，重视比较中外文化的差异，但是做了很多努力之后，发现学生的跨文化交际能力依然没有很大的提高。具体表现在对学生进行文化背景的教育时，我们往往忽略了例如宗教这一对世界各国、各民族都产生重要影响的现象。

自远古以来，宗教为世人提供了建议、价值观和引导，宗教努力去解释那些无法理解和解决的人生概念，宗教解决的是生和死的本质、宇宙的创造、社会和群体的源起、个体与群体的相互关系，以及人与自然的联系，我们知道在过去一万年间，地球上还没有哪个群体的人是没有宗教的。不论发达国家还是发展中国家，它们的人民多数是信仰宗教的。从整个人类的历史来看，宗教自原始社会产生以来，至今还对哲学、历史、文学艺术、科学产生着影响。因此，不研究和不了解宗教和宗教的历史，就很难全面地了解世界和中国的哲学史、思想史、政治史、科学史和文学艺术史。

大学生的目的语为英语，主要英语国家的宗教信仰是基督教（包括天主教和新教）。像美国就是世界上唯一的一个绝大多数国民仍旧自愿地过着积极宗教生活的大国。以美国为例，根据 2001 年 4 月进行的盖洛普民意调查，82%的美国人称自己是基督徒，10%的被调查者将自己归入基督教以外的信仰类别，8%的人说他们没有信仰。

一个明确又响亮的信息是，美国人强有力地将宗教与个人伦理和行为等同起来，认为如果人们更多地信仰宗教，那么，犯罪、贪婪、为人父母而不负责任、唯利是图等问题就会得到缓解。《圣经》是世界闻名的巨著，是世界上销量最大、读者最多的书，1000 多年来没有第二部书能像《圣经》那样对西方文化产生巨大而深刻的影响。没有哪部书能像《圣经》那样以如此奇妙的方式把历史、诗歌和哲学统一起来，从而能够代表一个民族的全部文献；更不必说，《圣经》反映了一个极其纯朴的远古时代的精神，以及生活在该时代的崇高卓越的个人。

随着中国的改革开放，加入全球市场交易和竞争，西方文明对我们社会生活的冲击，就很难避免了。《圣经》是现代资本主义的一些核心理念、道德信仰、法律原则和文化价值的渊源，在对学生进行目的语文化输入时，我们遗漏了这重要的一环。

在表层文化的输入中，学生很容易知道作为书名的《圣经》、知道创世纪、知道达·芬奇的《最后的晚餐》等，但在深层次的交往和沟通中，就表现出了对目的语文化的欠缺。学生与外教的沟通中明显地可以看到这一倾向，学生在寒暄、打招呼之后就陷入沉默，因为表层的东西是较容易引起重视并学会的。例如，没有一个学生会主动询问女外教的年龄，倒是外教到课堂上第一次做自我介绍时就会告诉学生自己多少岁了，因为他们在来中国之前学习了一些中国的文化背景知识，进入实质性交流后，大学生不是惊诧于几乎所有来自英、美国家的外教都上教堂，就是觉得美国总统信仰基督教或者天主教不可思议。

西方国家拥有最先进的科研和技术，为什么还要信不存在的神灵呢？为什么总统也迷信呢？此外，学生对外教在课堂内外交流时，信手拈来的有关圣经的句子、典故等完全不了解，使外教感觉与中国大学生在某些方面的交流较困难。例如，几名学生参加学校的暑期英语强化培训，在介绍湖北是“鱼米之乡”时，用 the land of fish and rice 来表述，使用了 fish 和 rice 两个目的语文化的词汇，可外教并不太理解，因为他们表达“鱼米之乡”用 flowing with milk and honey，源自《旧约 · 出埃及记》，摩西对受苦难的犹太人说“我下来是要救你们脱离埃及人之手，领你们出了那地，到那牛奶和蜂蜜遍地流淌的地方”。学生不了解这个典故，使用目的语表述时，词汇的表达就不准确，这样的用法同时也反映出中国传统农耕文化和西方游牧民族文化的差异。同样在外教的课堂上或者国外的影视作品中，学生就常常难理解诸如“Escape by the skin of one’s teeth（九死一生），eye for eye（针锋相对），fig leaf（遮羞布），fly in the ointment（美中不足），golden calf（金钱），corn in Egypt（丰衣足食）”等源自《圣经》的英语表述。

实际上 20 世纪伟大的科学家爱因斯坦的物理学知识极为丰富，对宇宙的了解也极为深刻,但他是一个虔诚的教徒。也许有人会发现爱因斯坦在科学知识和宗教信仰上的矛盾，似乎他应该用科学来理解世界才对，但爱因斯坦的信仰出自《谦卑》，因为他知道自己还有不足。法国作家纪德认为对他一生影响最大的就是《圣经》，这部分绝对不逊色于希腊神话的影响。怀特海就主张“科学精神的来源之一是宗教信仰”，揭示出科学和宗教的深刻关系，西方的科学发展可以使他们在世界上得到各种利益，而宗教的信仰使他们在个人的心灵上得到归宿。

二、英语历史文化内容的缺失

借用黄仁宇先生大历史的概念，大学英语的课堂教学中对学生进行跨文化交际能力的培养，有意识地输入目的语文化，要有大文化的视野。但在实际的教学实践中，处理文化元素的方式却是任意和缺乏计划的，学生也只根据他们自己的兴趣来选择。比如在讲运动时补充介绍美国的 NBA 联赛；讲食品时介绍美式快餐；讲节日时介绍圣诞节和感恩节；讲色彩时，说明红色在中国人和西方人眼中的不同；讲词语时，说明中国人崇拜龙，而西方人则认为龙是怪物等。这些文化背景知识、文化元素的输入使学生对目的语文化加深了解,在跨文化交际中也是必要的,但这些散乱的介绍实际上割裂了文化的历史性和关联性。E.Hall 指出文化的各个方面都是相互联系的——一旦你触及文化的某个方面，其他方面都会受到影响。

从微观方面，以美国总统大选为例，它涉及美国的两党政治、独立候选人、选举团制度、媒体的作用、黑人和少数民族以及妇女的投票权、第三党、国内国际政策等各个方面。如果在文化的输入中只关注某一点就会割裂整条文化链，反映在学生身上就是一知半解、似是而非。

学生在生活中接触到的新闻媒体也经常提到美国校园枪击案，有学生和教师出现伤亡，媒体热衷于报道一些有轰动效应的新闻，课本内容又未能全面介绍与此社会问题相关的文化背景，造成学生在认知上出现了偏差，如社会学系的一名学生在和外教交谈时常常会提到美国的治安不好，没有安全感，还会询问外教有没有枪，但得到的答案是没有时，学生怀疑外教是不是在隐瞒。当遇到了一名华裔美国外教，这个学生又询问同样的问题。这位华裔美国外教明确地告诉学生说他没有枪，而且他居住的地方很安全，他可以深夜在屋外漫步思考，而不担心被抢劫或受到伤害。实际上学生对美国人合法持枪的认知局限于书本和媒体，课文选择的内容也背离了选择教材文化内容的原则。美国人崇尚枪支文化、合法持枪的背后，是与当初美国人开拓西部时需要武器保护自己，与美国人的拓荒心态相关，同时持有枪支也是美国宪法第二修正案赋予美国人的权利，“一个管理严格的民兵组织对于一个自由国家的安全是必不可少的，人们拥有武器的权利是不可侵犯的”，不少美国人不把枪支当作一种工具，而是当作一种权利，并不是说宪法给了人民拥有武器的权利，而是说人民拥有武器的权利不可侵犯。这种权利在美国人看来不是任何人给予美国人民的一种恩赐，而是一种天赋人权，宪法规定的是任何人都无权对这种权利进行侵犯，人民有持枪和组织武装团体的自由，这是用于防止政府权力无限扩张的一种预防措施。

从宏观方面来看，在大文化观的空间框架下，以目的语文化发展和演变的时间（z 轴），假设一个坐标。

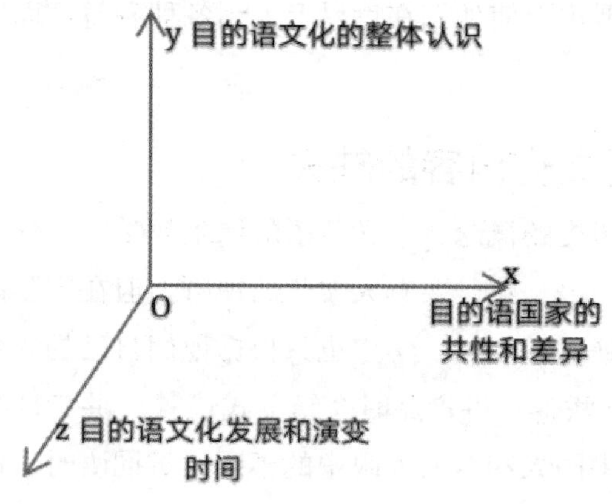

1. 横坐标（x 轴）

从坐标的横向看，在对大学生进行目的语文化输入时，应考虑到如英国、美国、加拿大、澳大利亚等英语为母语的国家，其文化背景是有不同的，进行目的语文化输入时应考虑这些国家文化的共性和差异。从目前全国重点高校主流的、使用最广的大学英语翻译教材来看，其中的课文绝大部分是选自美国的作品或是美国人的作品，教材中很明显对其他英语国家的文化是忽略的，过于突出了美国的文化，容易造成学生对英语国家文化上的误解。实际上，学生同时接触不同国籍的外籍教师后，就会发现英国、美国、澳大利亚、加拿大等国家的教师在服装、语音、待人处事的方式上都有很大的不同。

实际上进入 20 世纪尤其是“二战”后随着美国崛起为超级大国，其影响力不断扩展，其文化也借助政治和经济实力辐射全球，造成“美国化”Americanization 现象。美国人的文化中心主义和文化扩张其实是欧洲文明向全球扩张的结果，美国人认为自己应该接替欧洲向全球传播民主、自由与文明，但是美国遵循的文化中心主义和话语霸权的逻辑阻碍了文化间的平等对话。因为世界是多元的，美国人借政治、经济上的优势来推行美国化，结果造成文化主体间的不平等。例如加拿大人就不满美国文化霸权，该国前文化遗产部长希拉·科普斯曾警告说，各国有在全球单一的美国化中丧失自我的危险。德国前总理施密特则认为全球泛滥的美国式“伪文化”，正在侵蚀德国的民族传统，即便遭到失败，德国人也要在压力面前捍卫自己文化的特性。法国则疾呼在全球化中保持“文化多样性”的意义，希望以平等对话的方式保护文化多样性，消除潜在的一元化危险。西方各国很注意保护自己的独特文化和传统，避免在全球化中丧失自己的民族特性。因此从目的语文化的角度看，大学英语翻译教材中应涉及不同目的语国家的文化特征和差异，避免学生在学习目的语文化中学成了“美国化”。

2. 纵坐标（Y 轴）

从坐标的纵向来看，学生的学习对象是英语，目的语文化简称为英美文化。因此在目前对学生进行跨文化交际的目的语文化输入时，仅限于对英语国家的文化介绍。韦伯将全球分为五大历史文明：儒家文明、佛教文明、基督教文明、伊斯兰文明、印度教文明。施宾格勒在《西方的没落》中划分出八种文化历史类型：古典文化（指古希腊文化）、西方文化（指中世纪以后的西欧文化）、阿拉伯文化、埃及文化、印度文化、中华文化、巴比伦文化、玛雅文化（墨西哥文化）、俄罗斯文化，英国历史学家汤因比在《历史研究》中认为所有已知的文化都是由世界宗教（基督教、伊斯兰教、佛教等）哺育的，是人类同一棵“历史树”上的枝杈。他划分出 21 个文化类型，5 个停滞的文明，3 个流产的文明。21 个文化类型为：西方、拜占庭东正教、伊朗、阿拉伯、印度、中国、希腊、叙利亚、古代印度、古代中国、米诺斯、苏美尔、赫梯、巴比伦、埃及、安第斯、墨西哥、干加丹、俄罗斯东正教、朝鲜与日本。亨廷顿列举了当代的主要文明：中华文明、日本文明、印度文明、伊斯兰文明、西方文明、拉丁美洲文明、非洲文明（可能存在的）。亨廷顿认为西方包括欧洲、北美、加上其他欧洲人居住的国家，如澳大利亚和新西兰。从历史上看，西方文明是欧洲文明；在现代时期，西方文明是欧美文明或北大西洋文明。

某学校曾经请一名加拿大籍教师讲授加拿大文化，外教却感到很困惑，她说没有加拿大文化，只有西方文化这样的讲法。从以上分析中可以看出英美文化应属西方文化，深受古典文化的影响并延续其生命力。古希腊是西方文明的渊源，它在哲学、艺术、文学等方面构建了西方文明的坚实基础。而古罗马第一个真正奠定了现代政治基础。英国在政治制度和文化层面上，其宪政继承罗马共和国的政体原则，文化上继承古罗马的哲学以及注重历史和经验的传统。美国宪法的共和主义精神受到罗马精神的强大影响，它是在罗马模式、英国宪政基础上构建的。美国政治家 William Maclay 在提到制宪会议时，一向反对割断它和美国建国前的历史联系，反对把美国说成是石头缝里蹦出来的，或者是一群人凭空设计出来的。Josiah Quincy 就指出美国的制度是经过西方文明长期演进后结出的一个果子。因此大学英语教学和研究中，目的语文化应被置于一个更为广阔的空间和时间中，这样才不至于割裂其历史的传承。

英美文化中极为重要的法律文化即源于古罗马。在古罗马最早出现的是市民法，后来的民法即源于市民法。在古罗马，以所谓市民法适用于罗马公民，而以所谓“万民法”适用于外国人以及外国人与罗马公民的关系。国际法这个词的词源，可以追溯到罗马法。国际私法作为一个主要解决法律冲突的部门法，其最早的理论基础孕育于古罗马的万民法。公元212年，市民法和万民法合而为一，罗马法宣告统一。罗马法是古代法中反映商品生产和商品交换最完备、最典型的法律。在西方法学界有“罗马法为私法之典范”一说，足见此法对后世之影响。

当今世界两大法系为大陆法系和英美法系。法、德、日等是大陆法系，英、美等国是英美法系。罗马法对两大法系都有极为重要的影响。而17世纪的清教徒移民在新大陆学会如何养活自己之前，正式的契约和法规就已出现。18世纪英国首相老威廉皮特形容财产权对人的神圣性：即使是最穷的人，在他的破屋里也敢于对抗国王的权威——风能进，雨能进，国王不能进。英、美等国16世纪开始先后走上自由宪政之路。英国宪政是以私有财产制度为基础的，而私有财产观念源自《圣经》。时至今日还可以从英、美外籍教师常说的“一个人的房子就是他的城堡”中窥见英、美等国家对个人隐私、私有财产的保护。所以英美深刻的法律文化必须置于更广阔的时空中，才能还原其本来面目。可见在大学英语翻译教学中，如果仅仅满足于简单介绍英美国家律师、法官或几个典型案例，是不可能做到让学生全面理解目的语法律文化的。

我国学生在和外国人交际时常常表现出对中国悠久历史的自豪感，同时感慨对方来自一个历史太短的国度。几名学生在和一名拥有英、美双重国籍和博士学位，会说英、法、俄等几种语言的外教聊天时又谈到这个话题，这名外教从比较客观的角度告诉学生，美国的确是建国历史很短的国家，但是美国的文化传统却很长，从欧洲移民到新大陆的人也同时带去了欧洲的传统和文化。欧洲是美利坚合众国的诞生地，欧洲理念和文化形成了这个共和国，美国是欧洲文明的延伸，将近80%的美国人具有欧洲血统。美国继承了从古希腊、罗马到文艺复兴、启蒙的西方文明的平等与理性、共和与法制的精神和制度。这位美籍教师认为诸如圣经、荷马、柏拉图、萨福克里斯、莎士比亚等都是美国文化的中心。“直到‘一战’前，恺撒的统治仍笼罩着这片土地。那些因‘文明’而熠熠生辉的国家都在罗马帝国的版图之内；法律原则要么是罗马的，要么衍生自罗马的法律；人文教育大部分都使用罗马语言；已成为完美的永恒标准的哲学和诗学属于罗马，或者由罗马人传播到世界各地。最重要的是，个人或国家政治伟大的典范都来自罗马。”

由此可以看出，对学生的目的语文化输入应从时间、空间的大框架下进行教学和研究，树立大文化的概念，培养学生对文化的共性和差异的整体认识。大学英语教材中缺失了对目的语文化中深层文化、文化的历史与关联的介绍，使得学生容易将从好莱坞电影和其他传媒获得的信息当作目的语文化的主流价值观，或者简单地把好莱坞电影中讲述的西方人物形象和日常生活当作西方人的生活常态，但实际上这与西方的主流价值观是有很大差距的。正是由于对文化深层结构的忽略，造成学生很难区分西方的主流文化和非主流文化，很难对文化现象进行选择和辨识。具体表现在学生与外籍教师的交流中。有的学生说很崇拜麦当娜，因为麦当娜敢于直面大众、从不掩饰自己、有自己的个性，有的学生认为麦当娜也应该是西方人的偶像，外教听后却表示震惊，因为麦当娜并不代表西方主流社会或中产阶级的形象，对麦当娜受到中国学生如此关注表示诧异。

大学生学习英语的目的是用来和英语国家的人交际，吸取他国的先进科学、文化精华，更好地进行跨文化交际，学生的英语问题不能仅表象地认为中国学生羞涩、顾及面子，或者词汇不够、语法不清，还应该考虑到在英语教学时，在文化背景知识的输入中，我们缺失了对精神文化、软文化的输入。其实要了解当今世界必须了解宗教，对宗教问题在当今世界政治社会生活中的影响绝不可低估。无论是做好国内各项工作，还是开展对外工作，都要求我们密切关注宗教问题。不同宗教信仰的人，有宗教信仰的人和无宗教信仰的人彼此不应当另眼相待，而应当彼此尊重，和谐相处。这就要求教师在教学中要弥补教材的不足，引导学生建立起对目的语文化的深层次理解，让学生多了解目的语国家的宗教文化，尊重对方的宗教信仰，并从对方的宗教文化中吸取精华以丰富自我。如果缺失了对目的语文化深层次的理解，就很难与目的语国家的人民进行良好沟通。

三、英语经典阅读的缺失

目前学生和家长包括部分教师对“英语好”的认识，似乎定义为“考试成绩分数高”，中学生以高考英语分数为标准来判断英语好不好，大学生以通过大学英语四、六级考试的成绩来证明自己的英语好不好，求职的学生为了证明自己的英语好，还要去考 BEC 等各种证书来说明，更有学生以 TOEFL 多少分、GRE 多少分、IELTS 多少分来表明自己的英语很好。曾经有这样一个以分数为标准的事例，一名中国大学毕业生到外企求职，为了证明自己的英语水平，要求对方拿份试卷来给他做做，只要做完卷子，外企人力资源部的人就知道他的考分有多高，英语有多好了。英语考试成绩分数的高低，只表明了在规定的时间里，完成了造句、完形填空、翻译句子、写出 150 字的作文后，达到了目的语水平的程度要求，并不能说明很好地理解了目的语文化，也不能说明就具备了能用英语和目的语为母语的人员进行有效的沟通、深入的交流，面对目的语国家的文化时，能客观地表达自己的思想，用英语来维护自己的话语权。能否很好地阅读专业领域的英文文献、充分地理解英文原版著作的内涵，这是体现出大学生学习目的语的真正英语水平。况且与时间成本、费用成本、机会成本相比，有些考试得不偿失，还妨碍学生文化综合素质的提高。

苏霍姆林斯基曾试过用很多方法去促进学生的思维，得出的结论是最有效的手段就是扩大他们的阅读范围。因此在大学英语翻译教学中应该重视学生的阅读广度和阅读深度，目前全国重点高校主流的、使用最广的教材缺失了目的语经典阅读的内容，没有一篇出自著名的作者或者经典的作品。目前教材的内容体现了题材广泛，反映现实生活、科普内容占一定比例的特点，但是经典作家或者作品几乎没有涉及，甚至是节选也没有，经典阅读的缺失对教学产生了很大的影响。

哲学在大学英语教学内容中是被忽略的，哲学 philosophy 一词是古希腊人所创（希腊语 phileo“我热爱”+sophia“智慧”），古希腊人把热爱智慧，追求智慧作为人的始终如一的精神状态。从古希腊的毕达哥拉斯、苏格拉底、柏拉图、亚里士多德以及古罗马的西塞罗，到后来的卢梭、孟德斯鸠、康德等，西方哲学大师对西方的思维方式、民族性格、公民文化及崇尚民主、自由、科学和理性的传统都有深刻的影响。正如林语堂所说“少时读《亚里士多德》，使我不胜惊异的，就是读来不像古代人的文章，其思想、用字、造句，完全与现代西洋文相同，使人疑心所读的不是2000多年前古代希腊哲学家所写的，而是19世纪或20世纪的西洋论著，最重要的是他的《逻辑学》定逻辑的形式系统，后来这逻辑系统统治西欧两千年的学术”。

中国与西方哲学的差异，体现在思维方式、人文精神、伦理观念、逻辑、人生观、世界观等各个方面。中国人讲“天人合一”，而西方哲学则持“天人相分”的观点；中国人尊崇集体，而西方人崇尚个人；在时间上中国人常感怀过去，而西方人则着眼于未来；在思维方面，中国人重整体、重主体，而西方民族重逻辑、重理性、重分析，反映在篇章组织结构上，汉语是螺旋式，而英语呈直线式。

哲学的使命在于把个别、具体的东西与一般的东西联系起来，最终深入人与自然融为一体的境地；同时，哲学也是一切精神活动的中心，每一个科学活动，甚至每一次努力，都根据哲学确定方向，并从哲学中获得精神的生命力。就语言来看，哲学的有益影响几乎遍及所有方面，在一个民族中间，科学教育的性质越偏于哲学，就越有助于语言的发展。

因此，加深学生对最根本的哲学层面上的文化认识，不仅有利于提高跨文化交际水平，而且有助于提高阅读、写作、听力、翻译等各方面的语言技能。经典的文学在大学英语教学内容中也是被忽视的，文化能够通过文学的媒介表述自己，文学是第二语言教学中可行的组成部分。文学的主要功能之一是作为媒介传播，它所书写的说这种语言的人的文化，文学文本是学习者能利用的语言资源，阅读文学作品能帮助他们发展语言能力。而且，利用文学作品去阐释渗透其中的目的语文化的价值观有助于重新定义学习者在母语文化中获得的价值观，文学作品相当于提供了一个新的视角帮助学习者了解文化之间的异同。外语教学中的阅读材料也可以被用作教授文化，但即使是最有效的外语学习的阅读材料也只是我们自己根据不同难度水平架构的语言体系，这样的作品常常变成了没有文学成分在里面的读本。

我国2007年新颁布的《大学英语课程教学要求》中明确指出“大学英语课程不仅是一门语言基础课程，也是拓宽知识、了解世界的素质教育课程，兼有工具性和人文性”“大学英语的教学内容除了语言知识、语言技能之外，还应涵盖人文情感、人文素养和人文理想的培育”“因此设计大学英语课程时也应当充分考虑对学生的文化素质的培养和国际文化知识的传授”，这些充分显示出不仅应将英语作为工具来学习，而且也应将大学英语作为素质教育的组成部分。

在我国，学者提倡的人文素质教育中，提供给大学生的书单所涉及的外国经典著作是已经翻译成汉语的，既然大学英语不仅是语言技能的培训课程，还是高等学校文化素质教育的组成部分，那么在大学英语教学中就应该涉猎西方经典文献。在大学生学习大学英语的时间中，应当拿出一部分时间和教学内容用于阅读经典，即使不是阅读全文或者全书，将重要的部分节选出来让学生花时间和精力去研习，也会有不一样的效果。大学英语教学中的经典阅读可以让学生接触原汁原味的外文原著，少了翻译中的信息丢失等缺陷，让学生直接面对优秀的英语原文作品，使学生与大师直接对话，既能让学生培养语感、提高英语水平，又能让学生直接感受原文文献中的人文关怀和人文精神，养成良好品味和高尚情趣。这不仅是高等学校人文教育的组成部分，也可以提高学生的英语水平和文化素养，是一举多得的事情。

大学英语的学时有限，大学英语教材的篇幅有限，课文内容多反映当代目的语文化的社会生活，学生所学的英语主要用于交际，以当代英语的文体和语体为主，学生现在肯定不会再用古英语说“Shall I compare thee to a summer’s day？”（我怎么能够把你来比作夏天？），但是经典阅读作为人文教育的方法在大学英语教学中是应受到关注的。诚如《新视野大学英语读写教程》的编者所说“传统的课本是几千年来文化的传承，为人类培养了一代又一代的社会栋梁。课本仍然是不可取代的、行之有效的根本性教学工具，那么在课本中增加经典原著的阅读，即使是节选的内容也能让学生获益匪浅。”

四、西方视角批判教学的缺失

学者的文化价值观会影响其研究的对象、方法、发现以及如何阐释发现。跨文化交际和语言教学的学术研究理论概念如个人主义、集体主义、定式、民族中心主义等，几乎都源于美国和欧洲学者的阐释，尤其跨文化交际领域在美国兴起，并主要是通过美国学者的研究发展起来的，研究中采用的是欧美人的视角。

英语作为国际通用语，进行跨文化交际的情况很多，美国学者以英语为母语，因而缺少对语言使用的一些问题的意识。美国作为一个典型的移民社会，其研究放在了外来者融入新文化环境中的单向，而非双向的调适过程上。西方人在跨文化交际中面对的除西方人之外，主要是亚洲、非洲、拉丁美洲等发展中国家的人，因为西方的强势文化，西方人在跨文化交际中无须强调自己的母语文化，西方人潜意识里认同自己在全球的优势地位，西方的文化霸权使得西方文化能够渗透和影响弱势文化，而弱势文化的国家面对西方文化时会有不同的表现。日本文化是大规模西化，印度人在西方文化的压力之下渐渐抛弃了传统的外壳，以土耳其为代表的伊斯兰国家面临西方文化挑战时的不适应。最终，伊斯兰世界、印度、日本都接受了西方的现代技术、科学、观念、思想。

长期以来没有受到挑战的西方强势文化，使跨文化交际研究范式和取向明显地以西方为中心，建立在西方交际理论的基础上。以西方的价值观与交际理念为核心，缺少非西方视角进行的探索，不是跨文化的，虽然其知识结构对跨文化交际研究有巨大贡献，但也导致视野狭隘。以欧美经验为参照的理论具有地方性，并不具普遍性，因此要克服这些局限性，就要不断质疑并超越特定文化、强势文化的局限，不能只用西方的视角看待交际和世界。

大学英语教材里所教授的内容大多是与美国文化相关的，会使我们理解跨文化交际产生偏见，而这种偏见源于此领域的主要奠基者美国。将跨文化交际理论用于我国大学英语教育的研究和实践中时,需要考虑中国的具体情况和文化背景。在西方(特别是美国)学术传统主导的状况下，其他地区的学者不是缺位，就是失语，即使有话语也是在西方学术语境中、以西方主流话语方式才能得到机会：跨文化交际中来自相对弱势文化国家的群体，必须强调自己的母语文化。跨文化交际的过程并不是被同化的过程，而是体验不同文化，丰富自我的过程。中国学生更需要保持自己的母语文化在西方强势文化面前的话语表达权，大学英语教学中母语文化的学习是中国学生跨文化交际的立身之本。

通过外语教育促进本国人理解其他国家的历史与文化是外语教育存在的逻辑基础之一，学习外语可以更好地理解其他民族，从而促进不同民族间的相互理解，外语课程可以提升学生对其他国家文化的理解，减少狭隘的民族中心主义。美国前总统林登·约翰逊曾说是思想，而不是武器持久影响和平的前景，因而他大力提倡外语教育和国际化教育。美国前卫生、教育和社会福利部长约翰·加德纳曾表示美国人寻求征服的敌人不是别的，而是美国人对不同文化的人为什么会有不一样的行为和心理的无知、无能、狭隘的民族中心主义以及缺乏敏锐的理解力量。因此，尽管西方的民族中心主义造成其对东方以及其他除西方之外世界的忽视，而目前的跨文化交际研究中也存在西方话语霸权的问题，所以我们在大学英语教学中应该强调多元文化的平等，克服狭隘的民族中心主义。

五、汉语文化教学的缺失

Hall经过多年的研究坚信，真正的工作不是理解外国文化。而是理解本国文化，人们从研究外国文化所能得到的不过是表面的理解，这类研究最终是为了更加了解自己系统的活动状况，了解外国方式的最佳理由是激起一种活力感和意识感，一种唯有当体验到强烈的对比和差异时才会产生的对生活的兴趣。单纯地了解本国文化在任何人看来都是一项巨大的成就，但学习关于自身知识的最有效方式之一是重视他人的文化。这会迫使你去注意那些生活细节。

文化学习只关注以英语为母语的国家的文化是不够的，必须延伸到学习者的母语文化。因为语言产生自人类本质的深层，同时，语言与人的民族起源也建立起了真正的、实质性的联系。假如不是这样，那么，为什么一种母语无论对于文明人还是对于野蛮人都具有一种远胜过异族语言的强大力量和内在价值，为什么母语能够用一种突如其来的魅力回归家园者的耳朵，而当他身处远离家园的异邦时，会撩动他的恋乡之情？每当我们听到母语的声音时，好像感觉到了我们自身的存在。

强调目的语文化并不意味着成为它的奴隶，而是去尊重它。放弃母语文化并不是一个理想的选择，而是无知的表现。社会真正需要的是双语和双文化甚至是多语和多文化的人，这些人应该比只说一种语言的外国人能更好地理解目的语文化，比只说一种语言的中国人能更好地理解母语文化（中华文化）。社会文化能力不仅包括目的语文化知识，还包括母语文化知识。大学英语翻译教学中应该考虑中华文化教学的重要性。

实际上要培养学生对目的语文化的洞察力，必须帮助学生了解母语文化的传统、演变以及表现形式。母语文化在外语教学中可以作为与目的语文化进行对比的工具，既能深刻揭示目的语文化的主要特征，同时也可以加深学生对母语文化本质特征的理解。

在大学英语翻译教学中，我们过多关注母语文化和目的语文化的差异。为了让学生学好英语，我们刻意让学生沉浸在英语的氛围中力图消除所有母语文化的影响。实际上作为教材内容应包括：①目的语文化材料，以英语为母语的地方文化；②源文化材料，学习者自己的文化。教授文化时教师应该记住的是需要提升学生对他们自己文化的意识。母语文化是与目的语文化进行比较的基础，这样方能显现目的语文化的主要特色，同时提升对母语文化和目的语文化精华的深层理解，这样才能获得跨文化交际所必需的容忍和敏感度。外语教师在向学生传授目的语语言文化知识的同时，还需培养其母语文化意识，使其具备能够用所学语言正确而有效地表达母语文化内容的能力。

英语翻译教学目标、教材、教学中漠视了母语文化。英语教学中中华文化的含量几乎近于空白，使许多有相当英文程度的中国青年学者在与西方人交往的过程中，显示不出古文化大国学者所应有的深厚文化素养和独立的文化人格。只有对本国优秀传统文化有了充分的认识和足够的修养，才谈得上理解他国文化，并逐步拓展自己的跨文化心理空间，对文化的多元性展现出一种恢宏大度和兼容并蓄的气度。

在跨文化交际中出现中华文化失语现象是值得我们思考的，中国大学生在用英语表述母语文化时存在很大的问题。例如，在学校举办的博士生、硕士生英语暑期口语强化培训课程中，学生与外教谈到孔子时直接说“Kongzi”，外教不知所云，学生在英语学习中不知道孔子英文应用“Confucius”表述。当外教探询中国 Confucianism / Taoism（儒/道）传统时，学生却不知如何作答。不知道“三国”“水浒”该怎么说，也不知道“端午”“清明”怎样译，更无法向外籍教师介绍中国的文学、朝代、建筑、艺术、伦理等。大学英语翻译教学忽略对母语文化的传授造成大学生对母语文化的表述不理解、不重视，使学生很难在跨文化交际中做到向外传输母语文化，使学生在学习的过程中容易盲目接受目的语文化的规范，而疏远自己的文化传统。

迁移（transfer）说源于心理学，指早期的行为模式对学习新行为模式的强化或阻碍的影响。心理学中迁移是一种学习行为，通过迁移，学习者以前获得的有关学习技能的知识将影响他们以后学习或训练行为的结果，从效果方面，迁移分为：①积极迁移（正迁移），一种学习对另一种学习的积极影响或促进；②消极迁移（负迁移），一种学习对另一种学习的消极影响和干扰。

如果学习者以前的学习经历能产生积极的效果，就会促进学习者的学习；反之，如果学习者以前的学习经历阻碍了他们学习新的知识，就会出现负面的效果。在语言学中，迁移指一个人的母语对外语的语言特征的影响，当学习者使用目的语时，因为不太了解目的语的规则，因此会受到母语和母语文化的影响，从而套用母语的规则，使用母语的语音、词义、结构或文化习惯。

对语言迁移（language transfer）的研究始于20世纪四五十年代的美国语言学家，这个时期语言迁移被视为二语习得理论和二语教育方法中最重要的因素。个体倾向于迁移形式和意义，将母语中的形式、意义以及文化置于目的语和目的语文化中。学习者母语的旧习惯有时会促进，有时会阻碍他们的二语学习，当母语的习惯和目的语的习惯不一致时就产生干扰。语言迁移有两个层面：①当母语和目的语存在差异时，学习者的母语将会干扰目的语；②当母语和目的语相似时，母语将会积极帮助目的语的学习。一些研究者认为语言迁移是将母语的模式用于目的语中，是二语或外语学习者错误产生的普遍原因。

迁移分为正迁移和负迁移，是目的语和其他任何以前习得的语言之间的相同和差异产生的影响。正迁移是使学习简单的迁移，当母语和目的语有相同形式就产生正迁移。在这种情况下，学习者的母语会促进目的语的学习。负迁移是使用母语的模式和规则导致目的语中产生错误和不适当的形式。学习者的母语文化和目的语文化之间同样存在差异和重合现象，差异会导致干扰，对目的语文化学习产生负面影响；重合现象同样会促进迁移，对目的语文化学习有辅助作用。

迁移是外语学习中的一种常见的现象，研究表明，外语学习者常常会无意识地将母语的语言特点运用到外语学习上。语言是文化的载体，长期在母语文化影响下形成的思维方式和表达习惯必定会不自觉地迁移到目的语中，形成“文化迁移”（cultural transfer）。目的语文化与其他以前习得的文化之间的相同和差异产生文化迁移。文化迁移也分为正文化迁移和负文化迁移，当母语文化规则与目的语文化规则相似时，就产生正文化迁移；当规则不同时，就产生负文化迁移。两种文化越相似，迁移就越少。两种文化的差异越多，迁移也越多。负文化迁移常常导致交际障碍、误解，所以学者更加关注母语对目的语学习的负迁移。

负文化迁移指由文化差异产生的文化干扰，它表明人们无意识地使用自己的文化规则和价值观指导自己的行为和思维，去判断别人，特别是来自不同文化的人的行为和思维。行为主义学者认为迁移是习惯形成的结果，他们认为语言习得的过程是克服旧的习惯形成新的习惯，暗示学习者如果要学习新的语言必须断绝自己的母语。例如，在英语教学中完全排斥母语和母语文化的行为，被认为是最有助于语言学习的做法。国内的研究中也更为关注汉语对英语学习的干扰。

我国的大学英语翻译教学注意力长期主要集中在语言形式的教学上，一直以来都是以语法、翻译法、听说法的教学方法为主。大学生学习英语时，自身已经有了一套母语规则，形成了母语思维习惯。已有的母语知识会对目的语学习产生影响，当母语和目的语规则相同时，会促进目的语的学习，产生正迁移；当母语和目的语规则不同时，就会产生负迁移，负迁移常常会产生错误。母语的负迁移会在语音、语义、句型、语法等各个方面形成干扰，使学习者在学习目的语时很难摆脱母语的影响，例如出现“Chinglish”（中式英语）。母语的文化迁移也会使学习者用母语的文化规则去套用目的语的文化规则，出现文化方面的错误。母语是学习者的第一语言系统，英语是大学生在母语系统之后的第二语言系统，学习者是在母语文化的背景中习得母语以及母语的文化规则。忽视了目的语的文化背景，在英语学习中，学生不可避免地会借助母语的规则和母语知识，将母语文化规则、模式套用到目的语上，出现文化干扰。正因为担忧负迁移影响学生的英语学习，而学生和教师在应试的压力下又忽略了文化的学习和传授，由于汉语和英语在时间上、思维上、篇章结构上差异和距离大，学好英语存在难度，所以国内的大学英语界为了避免教学中以“己文化”度“他文化”，导致文化“负迁移”的现象，强调尽量给学生营造英语环境，课堂上要求全英文授课，在大学英语翻译教学中有意识地回避母语和母语文化教学，只关注目的语和目的语文化。

大学英语翻译教学中，母语不是一件衣服，学生在进教室之前脱下来，出了教室后再穿上。母语是始终伴随着学习者的，学生即使在课堂上完全进入目的语文化中，只说英语，课后又会回到母语文化环境中。中国学生能够学会英语，是因为虽然构成语言的基本符号不同，但在表达方式的构成模式上，即文法上是有相通之处的，这就使人们有可能在短期内理解、掌握另一种语言。而母语则不然，各种具备不同文化内涵的语言场合对母语的形成和发展有重要作用，在人为的语言环境中，由于缺少形成母语的各种背景条件和言语的持续性，只能进行书本式的学习，所以很难摆脱从母语到目的语的思维过程。因此在大学英语教学中，教师要正确地利用母语正迁移来提高学生的英语水平，过分担心母语的负迁移的存在会影响学习效率。要很好地让母语学习和英语学习融合到一起，尤其要加强大学英语翻译教学中对母语文化的教学。

英语和汉语都不是简单的字、词、句的组合，而是一个巨大的语言体系，语言的内部因素之间相互联系，密不可分，母语文化不完全是负迁移，不应杜绝母语在大学英语翻译教学中的存在，更应该强调母语文化和目的语文化的知识的学习。如果学生对目的语能够有全面的认识，对其包含的文化因素有深刻的理解，那么学生的这种跨文化意识，就会在他们英语学习时产生正迁移，有助于他们全面理解所学的字、词、句以及文章内容；如果学生对英语中的许多文化概念，交际规则理解不对或不全面，就会造成交际障碍。培养大学生的跨文化交际能力，在大学英语翻译教学中应重视母语文化的英语表述，对两种文化的互相尊重是跨文化交际成功的必要条件，一个人如果不能理解自己的文化，是不能够理解第二种文化的。

语言是民族的象征，是一个民族从事一切精神活动和维持社会联系的必要基础；一个民族的语言，记录着该民族走过的漫长的历史道路。对于民族的独立和统一，语言的作用和地位是至关重要的。热爱母语，就是热爱民族，热爱祖国，民族语言是一座思想、文化和历史的宝库，是一个民族的语言习俗风尚和思维方式构造起来的，它总结了本民族人民世世代代的生活经验。近年来开始有学者关注汉语对英语学习的正面影响，在跨文化交际中，学习者不可避免地受母语和母语文化的影响，学习者的母语文化可以作为比较的基础，从而促进学习者对目的语的语言结构的掌握和对目的语文化的深层理解，学习者可以更好地了解文化差异和多样性。在两种文化的借鉴中能更好地了解自我，关注母语文化会让学习者重新思考母语文化的定位。

从英语学习成功者身上可以看到，母语文化并不会妨碍他们在英汉两种语言之间转换。成功的外语学习者，通过外语学习，能更好地掌握和理解母语文化，也能更好地领略和欣赏目的语文化。对目的语和母语的掌握是互相促进的，对目的语文化更深层次的理解和欣赏与对母语文化更深层次的理解和欣赏是相辅相成的。学习一门外语，用外语思维，是最适当不过的精神操练，而更有意义的是，掌握了一门外语，就是获取了一种观察世界的新的途径。通过语言认识世界，通过比较各种语言来了解人们对世界的不同认识。中国的英语学习集大成者，如林语堂、梁实秋、钱锺书等都精通中英文。不理解西方文化就不能深刻地理解母语文化，不理解母语文化就不能真正学好英语语言和文化，这与母语对二语习得是负迁移的说法相悖。要学好目的语和目的语文化，我们必须要能走进和走出目的语文化，当我们走进目的语文化时要思想开明，当我们走出目的语文化时要带有一双批判的眼睛。很多人不能走进，很多人又不能走出——最后被同化了，少数人成功地走进又走出——他们获得了创造力。在目的语的学习过程中，目的语与母语的水平相得益彰，目的语文化与母语文化的鉴赏能力相互促进，学习者自身的潜能得以发挥。在 2007 年 1 月华中大导师的专访中，讲述了涂又光教授的求学生涯“涂先生的父亲尽教幼子诗书文章，经史子集，为涂又光打下了坚实的国学基础。10 岁那年，涂又光进了洋学堂学习，从而锻就了他至今仍娴熟畅美的流利英文。1985 年涂又光又将冯先生早年在美国写下的 *A Short History of Chinese Philosophy* 译为中文，并定名为《中国哲学简史》，这个中译本被多位学者、教授推崇备至”，涂先生可谓学贯中西，母语和母语文化丝毫没成为他英语学习的障碍。

牺牲母语和拒绝母语文化的模式需要学生切断与母语和母语文化的所有联系，但是孩子在五六岁开始接受正规教育前已经内化了很多母语文化的基本价值观和信念。人一开始学习母语及文字，便已经开始接受文化的熏陶，因为一个人的思考，必须在母语的结构中发展。它为我们提供了丰富的概念，也就是单字、词语，以及使用这些概念的方法，同时也塑造了我们的思考模式。学生的文化继承不能被抛弃，而应该被用来提升他们的学习。学生进入未知的目的语文化领域之前，必须首先熟悉自己的文化，通过探索自己的母语文化，如讨论价值观、期望、传统、习俗、礼仪等，才能思考他者的价值观、期望和传统。

中华文化光是语言就有文言文与白话文之分，我们现在接触的只有白话文，而白话文只有一百年的历史，如果我们完全舍弃文言文，中华文化还剩下什么？如果忽略了整个传统，我们将无法分享文化资源，只能困于模糊的过去与茫然的未来之间了。哈佛大学的张光直教授认为中国文明积累了一笔最庞大的文化本钱，他引用 Arthur Wright 的话所言“全球没有任何民族有像中华民族那样庞大的对他们过去的历史记录。2500 年的正史里所记录下来的个别事件的总额是无法计算的，要将二十五史翻成英文，需要四千五百万个单词，这还只代表那整个记录中的一小部分，只是这笔庞大的文化资本，尚未被现代中国人好好利用过”。目前大学生基本上只使用白话文，对于文言文多半限于教科书上的几篇材料，而且主要是为了应付考试。大学生对于中华文化已然是陌生了的，再加上在大学英语教学中完全看不到中国传统文化及其表述方式，学生也就无法用英语表述自己的思想和文化了。这不仅是大学英语翻译教学的困境之一，也是学生跨文化交际的现实障碍。实际上在全球化的今天，只有立足于自己的历史文化传统，才能保持自己的主体性和独立性，才不至于在西方文化的话语中迷失自己。

第四节　大学英语教学中的跨文化交际英语教学

一、跨文化英语教学与传统英语教学的区别

长期以来，在大学英语教学实践中，我们更多的是重视进行听、说、读、写等语言基础知识的训练，认为学生只要掌握了语音、词汇和语法规则，就能理解英语和用英语进行交际，而忽视了文化教学，尤其是学生跨文化交际能力的培养。实际上，由于学生缺乏语言的文化背景知识，不了解中西文化的差异，在英语学习和交际中屡屡出现歧义误解、语用失误的现象。如听到别人赞扬时，美国人一般表示接受赞扬，中国人则一般表示受之有愧；中国人召唤他人走近时常用手心向下、手指向内连续弯曲的手势，而外国人则用四指弯曲食指向内勾动的手势；Freeze 的英语含义是“结冰、冰冻”，而美国人却在日常用语中表示“站住、不许动”。

跨文化英语教学与传统英语教学在教学目标和教学内容上的不同决定了它们教学的原则和方法不同。跨文化英语教学既要关注外语教学的语言文学目标，又要重视外语教学的社会人文目标，它在教学原则和方法上与传统外语教学最大的区别在于以下四点。

（一）语言教学与文化教学有机结合，语言与文化互为目的和手段

英语语言的学习是文化学习的手段，文化学习和跨文化交际是英语学习的目的。文化学习为英语学习提供了丰富多彩、真实鲜活的素材和环境，是培养英语交际能力的重要保证。语言教学与文化教学的结合贯穿外语教学的各个阶段、各个环节。

（二）跨文化英语教学特别重视调动学习者的各种学习潜能和机制，多层次、多渠道地进行教学

语言的学习和文化的学习都是一个终身学习的过程，学习者不可能永远依赖老师进行学习。自主学习能力的培养和文化学习方法的探索是跨文化英语教学的重要内容。所以跨

文化交际能力的培养需要学校教育与社会实践相结合，跨文化英语教学特别重视调动学习者的各种学习潜能和机制，充分利用各种教学手段多层次、多渠道地进行教学。跨文化交际能力的培养过程就是学习者的认知情感和行为不断变化的过程，它需要学习者积累知识、转变态度、调整行为、发展技能。这种学习要求只有通过开发和应用多种教学手段才能得到满足，日益发展的多媒体网络技术为此开辟了新的途径。

（三）跨文化英语教学重视学习者本族文化的作用，并将认识、反思和丰富本族文化作为教学目的之一

比较和对比是实现这一教学目的的主要方法，学习者在英语语言学习和文化学习过程中，不断地将本族文化现象与其他文化的相关现象进行比较和对比，形成对本族文化的再认识。

（四）跨文化英语教学体验探索式的教学方法的作用非常明显

跨文化英语教学虽然说是说教式教学方法与体验探索式教学方法并举，但后者的作用非常明显，因此大学英语教学不能只单纯注意语言教学，对文化背景知识的了解是培养学生跨文化交际能力的前提。我国学者胡文仲（1999）指出，只注意形式而不注意语言的内涵，是学不好外语的。在大学英语教学中，必须加强文化教学（文化背景、文化差异和跨文化比较），帮助学生在学习语言时了解和掌握与本国国情不一致的他国事物、现象和文化，提高对文化的敏感性，就可以利用他们发自内心的想了解其他民族的兴趣和动力，提高和完善其语言交际能力，真正实现外语教学的目的。外语教学必须重视文化之间的差异，要注意不同文化背景社会价值观和思维模式的关系。教师应该充分利用各种手段加强语言文化导入，向学生进行文化渗透，融语言、文化于一体，让学生能同时学到语言知识和文化知识，从而提高学生的跨文化交际能力，使学生在实际中正确运用语言。

二、跨文化交际英语教学策略

外语教学的根本目的就是为了与不同文化背景的人进行交流，实现有效的跨文化交际；全面提高外语教学的水平，大幅度地提高学生的外语实际应用能力。这不仅是中国经济发展的迫切需要，同时也是跨世纪的中国高等教育的一项紧迫任务。为了实现这个目标，我们要真正认识到外语是跨文化教育的关键的一环，把语言看作是与文化、社会密不可分的一个整体，并在教学大纲、教材设置、课堂教学、语言测试以及第二课堂中全面反映出来。

人类的交际不但是一种语言现象，也是一种跨文化现象。英语教学的目的是为了交流，而在我国目前的教学体系中，大学英语教学的侧重点都放在了语言知识的传授上，忽略了跨文化交际能力的培养。因此，教师要转变自己的观念，切实认识到文化冲突的危害性和培养学生跨文化交际能力的重要性，同时还要采用相应的策略和方法。

（一）转变观念

在我国，外语教学大多只在课堂上进行，教师起着绝对的主导作用。教师倘若只把重

点放在语法和词汇教学上，学生就不可能掌握语言的实际运用，也无法获得跨文化交际的能力。因此，授课教师要转变观念，切实认识到文化冲突的危害性和培养学生跨文化交际能力的重要性。通过加强学习，不断进行知识更新，提高自身的综合文化素质，切实全面地把握英语文化知识教育的量与度以及教学的具体步骤和方法，加强师生互动，增强课堂氛围，注意课下引导和点拨，全面提高英语教学水平，以达到预期的教学目的。

（二）改进传统的教学方法

一直以来，大学英语教学都把侧重点放在语言知识的传授上，而忽略了跨文化交际能力的培养。为了改变这种局面，我们应该改进单一呆板的教学方法，从质和量两个方面对课堂教学中的文化教学加以控制，并利用如电影、互联网等先进的现代化的教学手段来充分调动学生的学习积极性和主动性。同时，还可以举办一些专题讲座，以满足学生的求知欲望，为培养出具有较高跨文化交际能力的人才搭建知识平台。

（三）引导学生广泛接触西方文化知识

大学生有充分的可支配时间，仅仅依靠教师在课堂上的教学来培养跨文化交际能力是远远不够的，教师要引导学生充分利用课外时间广泛阅读西方英语文学作品、报纸杂志等材料，从中汲取文化精华，提高文化素养，拓宽文化视野，增强跨文化交际能力。另外，还要鼓励学生直接与外教交流，听外教做报告或讲课，在交流中起到潜移默化的作用。

三、跨文化英语教学的原则

跨文化英语教学与传统的英语教学在教学目标和教学内容上有着很大的不同，因此在教学方法和原则上也必然有所不同。跨文化英语教学的基本出发点是将英语作为国际通用语进行教学，将培养跨文化交际能力作为教学的最终目标。正因为如此，教学内容大大超出了交际法外语教学所圈定的目的语和相关目的文化。虽然目的语和文化仍然是跨文化英语教学的核心内容之一，但是只包括目的语和文化的教学不能满足英语作为国际通用语和跨文化交际的需要。跨文化英语教学将教学环境扩大到整个国际社会，不仅包括以英语为母语的国家和地区，也包括将英语作为第二语言的国家。这样的教学内容和教学目的不可能完全通过传统的知识传授和机械训练的方法来实现，引导学习者掌握语言学习和文化学习的方法，培养他们独立思考和自主学习的能力，是保证跨文化英语教学成功的一个重要条件。一般来说，教师是教学的主要执行者，是教学的主体，但是在跨文化英语教学中，学习者的中心地位要凸显出来，英语教学也要遵循如下原则：

（一）以学习者为中心，以引导学习者进行自主学习为主要教学模式

学习者是教学过程的真正主体，教师的教学、教材的编写和教学方法的设计和选择都必须围绕学生的实际需要进行。在跨文化英语教学中，不仅学习者的英语语言学习需要受到应有的重视，在整个教学过程中，他们对母语和本族文化的体验和理解、对目的文化和其他文化的态度、个人综合素质的提高，包括立体思维方式的形成和跨文化交际

能力的培养甚至对整个人生的态度等等，很多与学习者的过去、现在和未来密切相关的主题，都是教学设计和教学活动的考虑因素。就教师而言，引导学习者进行自主学习是其主要任务，虽然知识的传授和规则的讲解仍然必不可少，但是教学的中心应该转向学习者自主学习（learner autonomy ）能力的培养。这一点对于跨文化英语教学来说非常重要，原因之一是当今世界信息爆炸，知识不断更新，培养终身学习的思想，掌握独立学习的方法，成为教育界普遍关注的一个趋势。原因之二是跨文化英语教学的目标和内容相对于传统的外语教学而言扩大了无数倍，而教学时间基本不变，不可能有大幅度的增加，因此学习者在校期间有很多教学内容无法接触和学习，教师只有通过授之以渔的方法，才能确保教学目标的最终实现。这也是为什么将离开学校后的英语和文化学习也纳入整个教学体系的原因。

（二）语言教学与文化教学有机结合

语言和文化在跨文化英语教学中互为目的和手段。英语发展成为国际通用语的原因之一是跨文化交际日益频繁，来自世界各地、各民族、各文化群体的人们需要这一通用语作为沟通和交流的媒介，因此英语学习的目的之一就是进行有效的跨文化交际。而且，由于英语语言学习本身涉及文化的学习，所以我们完全有理由说，英语语言的学习是文化学习的手段，文化学习和跨文化交际是英语学习的目的。反过来，文化学习为英语语言学习提供丰富多彩、真实鲜活的素材和环境，大量文化材料被引入英语教材和课堂，不仅使英语学习生趣盎然，而且是培养英语交际能力的重要保证。总之，跨文化英语教学包含语言教学和文化教学，两方面相辅相成、不可分割。所以，在教学设计和课堂教学中语言教学和文化教学必须有机结合。这种结合体现在外语教学的各个阶段、各个环节。虽然根据学习者的认知水平和学习需要，在不同阶段和不同课程中，语言和文化各有侧重，但是在跨文化英语教学中没有单纯的语言课或文化课，只要具有这种意识，总能找到两者的结合点。

（三）注重思维方式，遵循交际规则

文化会影响人们对外界事物的看法和认识，处于不同文化中的人在思维方式方面必然会有差异。思维方式是沟通文化语言的桥梁。西方文化的思维方式注重逻辑和分析，东方文化的思维方式则表现出直觉整体性。中国人含蓄委婉，思维方式带有意会性；西方人比较直接，属于直观性。思维方式是文化的一部分，渗透于人们生活的各个领域，当自身的思维方式和交际对象的思维方式发生不同程度的冲突时，便会引起跨文化交际的种种障碍。东西方思维方式不同，为了跨文化交际的顺利进行，我们应该遵守交际规则，尊重交际对象的文化。

（四）调动学习者的各种学习潜能和机制，多层次、多渠道地进行教学

这一原则有三个前提：学习者具有多种学习潜能和机制，跨文化英语教学包含态度、

知识和行为多个层面，教学可以通过听、说、读、写、感觉和思维等多种渠道进行。根据 Gardner（1993）的研究，每个人都有三个方面的八种智能机制：

1. 个人智能（Personal Intelligences）

内省智能（Intrapersonal/Introspective—Self Smart）

社交智能（Interpersonal/Social—People Smart）

音乐智能（Musical/Rhythmic—Music Smart）

2. 学习智能（Academic Intelligences）

逻辑智能（Logical/Mathematical—Logic Smart）

语言智能（Verbal/Linguistic—Word Smart）

3. 表达智能（Expressive Intelligences）

身体语言智能（Bodily/Kinesthetic—Body Smart）

视觉空间智能（Visual Spatial—Picture Smart）

自然主义智能（Naturalist—Nature Smart）

学校教育通常只注重发挥学习者的学习智能机制，即他们的逻辑思维和语言理解及表达能力，忽略了其他智能机制的作用。实际上，稍加分析，我们不难发现，以上八种智能机制只要使用恰当，都可以成为有效的学习工具，尤其对于文化学习来说，个人的、情感的和自然的机制更是实现教学目标所不可缺少的。这些不同层面的机制很少单独起作用，它们往往相互补充、相互配合，共同优化学习过程。Lange（1999）在对 Gardner 的智能机制理论进行评述时也说到，充分发挥这些学习机制有利于个别化学习，最重要的是能够使学习者承担起对自己学习负责的任务。

学习者内在学习机制需要外部条件（如教学手段）的配合和刺激才能有效发挥其促进学习的作用。科学技术的飞速发展和社会文化环境的不断改变为此提供了条件。多媒体和网络技术的发展有利于视听教学材料的开发，使虚拟现实成为可能。同时，丰富多彩的社会文化环境和不断发展的国际、国内旅游和文化交流都为学习者发挥个人、学术情感和自然等学习机制创造了条件，使他们不但能够调动多种感官去学习语言和文化，还能获得语言交际和文化交流的亲身体验。总之，跨文化英语教学要求各种学习机制及多重外部环境和手段同时起作用，实现内因和外因的有机结合，才能使语言教学和文化教学达到最佳效果。

跨文化英语教学强调学习者要在认知、情感和行为各个层面上共同进步。教师在制订课程计划和设计教学活动时，必须考虑这三方面的教学需要，帮助学习者达到跨文化交际能力和个人综合素质发展所要求的知识的积累、态度的转变和能力的提高。

（五）充分考虑学习者的认知发展水平和语言文化学习的规律，逐渐从具体、直观、与学习者日常生活联系紧密的实用主题过渡到间接、抽象的意识形态领域

不同年龄层次的学习者在认知水平、情感发展和经历经验上都有很大的差别，这些差

别必然导致教学内容和教学方法的不同。Egan（1979）对教育发展的四个阶段的描述对此有很大的参考价值。一般情况下，对于年龄较小的学习者来说，与他们的生活和学习息息相关的，具体的、直观的教学材料较为合适。随着学习者认知水平的发展、心理承受能力的增强和人生体验的增加，语言和文化教学内容的深度和广度逐渐扩大到一些间接的、复杂的、需要进行抽象思维的意识形态领域。就文化教学而言，这种相关性和适合性的原则至关重要。跨文化交际能力的培养是一个漫长而复杂的过程，在这个过程中，由于学习者对母语和本族文化的理解和体验是学习过程中不可缺少的一部分，学习者在学习外国文化的同时，还一直处于一种自我认识、自我反省、自我批评、自我完善的状态之中，任何与他们的经历和认知能力相距甚远的教学内容和方法都将背离以“自我”与“他人”比较对照的文化学习原则。

1. 平衡教学内容，使之在向学习者提出挑战的同时，也给予他们适当的支持和帮助

任何教学活动都涉及教学内容和教学过程两个方面。为了取得最大的教学效果，内容的安排和过程的设计必须考虑对学习者的挑战和支持程度。理想的教学应该是挑战和支持得到较好的协调，如果内容复杂、难度较高，那么教学活动或过程就应该相应降低难度，给学习者较多的支持；相反，如果内容简单、难度较低，教学活动就应该具有较高的挑战性。只有这样，才能保证学习者从教学中得到最大的利益。否则，复杂的教学内容被置于挑战性很强的教学活动中，学习者就会有很强的恐惧心理和挫折感，不利于调动他们的学习积极性；相反，如果内容简单，教学活动又缺乏挑战性，那么学习者的学习潜力不能得以发挥，而且他们也会觉得乏味，学不到东西。处理好教学内容与过程、挑战与支持之间的辩证关系是跨文化培训的一个重要理论和原则，它对于跨文化英语教学来说同样适用。J.M.Bennett（1999）在建议培训者借用 Sanford（1996）有关挑战和支持的思想时这样说道：“教育者应该根据学习者的发展水平确定什么样的学习环境能够为他们提供所需的支持，哪些方面构成挑战。如果给予他们的支持太多，学习就不可能发生；如果挑战太大，学习者就会退缩。所以教育者有必要了解学习者的需求，尽量平衡给予他们的挑战和支持，以最大限度地促进学习。”

2. 说教式的知识传授法（didactic approach）与体验探索式的教学方法（experiential approach）相结合

说教式和体验式作为两个相对的概念是由 Gudykunst 和 Hammer（1983）提出的。说教式方法是一种通过讲座、讨论等形式进行知识传授的方法，它主要能促进学习者的认知和理解，有利于学习者学习和掌握语言和文化知识，分析和理解文化差异，这种方法与逻辑推理中的演绎法类似。不足之处在于：在说教式教学中，学习者在很大程度上处于一种被动接受的状态，知识的获取和对概念的分析理解是其主要形式。在这样的教学活动中，跨文化英语教学所要求的学习者在态度和行为层面上的进步和发展的目标就难以实现。正

因为如此，跨文化研究者主张采用一种类似于归纳法的体验式教学法。这种方法以学习者为中心，创造真实或模拟的跨文化交际情境，让他们去感受、体验其过程，从而使认知、情感和行为各个层面受到刺激，弥补说教式教学法的不足。

3. 培养跨文化意识和敏感性，探索文化学习方法

跨文化英语教学中文化教学的目标和内容非常广泛，如果这些目标和内容都作为教学的知识范畴，学习者在有限的学习生涯中是不可能全部完成的。教学中要帮助学生掌握独立学习的方法，树立终身学习的思想，培养跨文化意识和敏感性，这是文化教学的一个重点。文化教学的另一个重点是加强对文化学习方法的培养。文化学习的目的不是使学习者成为人类学家和社会学家，但是掌握一定的文化研究和学习方法是非常必要的，文化作为动态发展的过程要求我们在学习和跨文化交际能力培养中结合学校教育和社会实践。教师在教学过程中必须有意识地引导学习者对文化现象进行分析、解释，对不熟悉的文化内容进行探索，并不断地对自己的学习过程进行反思，及时总结经验，这就是所谓的元认知学习过程（meta-cognitive learning）。文化学习的方法有很多，其中文化人类学所采用的参与观察法（ethnographic method of participation-observation），以其体验式、探索式的优点而成为一种广泛推崇的方法。

4. 教学内容和过程情境化（contextualized）与个人化（personalized）

跨文化英语教学的特点之一是将语言学习和文化学习与学习者的个人体验和发展需要紧密结合起来。它不仅间接地影响学习者综合素质的发展，而且紧紧伴随学习者一同成长，通过不断地促使他们对自己的态度、行为、价值观和人生观进行反思，直接影响他们的综合素质。跨文化英语教学对个人综合素质的培养所起的作用是通过教学内容情境化和个人化来实现的，因为只有置于具体的情境之中，文化内容才会焕发出活力，才能显现文化对社会和个人的调节和指导功能，才能使学习者身临其境地感受文化的作用，才能刺激学习者的多种学习机制；只有将教学内容和过程与学习者的个人经历结合起来，才能激发他们学习目的文化和其他文化的兴趣，才能为他们将本族文化和其他文化进行对比创造机会，才能促使他们反思自己的态度、行为和价值观。此外，情境化和个人化也是语言教学的需要，一方面有利于保持学习者的学习积极性；另一方面，情境外语教学将语言教学内容置于真实的社会文化环境之中，使学习者不仅学到了语言知识，而且更多地掌握这些语言知识的具体应用规律、交际法和功能。

5. 对比本族文化与目的文化，不断反思本族文化

跨文化英语教学的一个突出特点是将本族文化从学习背景中凸显出来，通过与其他文化进行比较，形成一种跨文化的氛围（interculturality）。这种跨文化的氛围有三个方面的好处：一是联系本族文化和个人体验进行外国文化和语言的学习不仅能刺激和保持学习者的学习积极性，而且能使学习者对所学内容记忆更牢固，理解更透彻，应用更灵活；二是跨文化交际要求学习者了解本族文化与其他文化接触时可能发生的冲突和可以采取的相应

措施，只有在外国文化学习过程中不断反思和对照自己的本族文化，才能对它们之间文化差异的具体表现有一个全面深入的了解；三是增强对本族文化的意识和反思有利于学习者消除或减弱民族中心主义思想，客观认识自己的价值观念和行为习惯，从而培养一种开放、灵活的思维模式。跨文化英语教学的任务之一就是增强学习者对自己本族文化的意识和理解，而比较和对比是实现这一目的的重要手段。

6. 尊重学习者，注意因材施教

学习者的文化体验和价值观、世界观和思维等个人因素在跨文化英语教学中起着非常重要的作用，是文化教学的基础，跨文化交际能力的培养需要从学习者现有的文化体验出发，通过将本族文化与目的文化和其他文化进行对比，来增强跨文化意识。正因为如此，教学过程中我们一定要尊重学习者的个人体会、文化背景、价值观念、思想感情等，不能对学习者及其思想感情持有轻视、蔑视、否定及批判的态度。

此外，任何学习者都有自己的学习风格和方法偏好，在以学习者为中心的跨文化英语教学中，因材施教就显得非常重要。教师还可以在迎合学习者学习风格的基础上，有意识地向他们介绍一些其他风格的学习方法，让学习者了解不同学习风格和方法的优点和不足，鼓励他们尝试其他学习方法，拓展他们的学习风格，增强他们学习的灵活性。

四、跨文化交际英语教学步骤

Morgan（1993）认为：“一个人的母语文化认知图式是自然形成的，而目的语文化的认知图式必须有意识地对待，因为这是一种特定的思维模式。”所以我们在教学过程中应充分发挥想象，设计各种各样的活动提高学生对英语学习的热情，加深他们对英语的理解。下面为教学活动的步骤：

（一）准备阶段

针对教学内容中所包含的文化知识，教师首先要了解学生已经掌握的原有程度，其次教师可以采取教师讲解、问卷测试、直接问答、词汇联想、图片实物展示等方法让学生对将要学习的内容有一个初步的了解，使学生对将要学习的内容有个大致的了解。

（二）讲解阶段

教师针对所学内容的特点采取不同的方法，使学生的学习效率最大化。

1. 对比法

涉及语言交际方面的内容，如汉语中“像老黄牛一样勤恳”“力大如牛”，在英语中却要说“work as a horse”“as strong as a horse”。中国人都是用牛耕地劳作，而英国人却是用马来耕作的。同样，汉语有“害群之马”的俗语，英语中翻译为“black sheep”。

涉及非语言方面的内容，如外籍教师穿着很随便，在公开场合甚至可以穿短裤，上课时有的还坐在课桌上，嘴里嚼着口香糖。中国教师则不会这样。

交际习俗与礼仪方面，中国人在饭桌上喜欢互相劝酒，而这在西方人眼里就是强人所难的举动。西方国家，孩子在家可以随便称呼父母长辈的名字，而这在中国是很不敬的行为。在西方国家，两个好朋友一起出去吃饭喜欢 AA 制，而这在中国人看来是不讲朋友情面的事情。

在价值观念上，多数西方人追求个人价值、个人成功，而中国人则倾向于社会、集体价值至上。

2. 翻译法

英语学习者存在的一个共同问题是：当我们在做翻译练习时，目的语中没有生词，但英汉两种语言在词汇、语法、句型结构等方面有很大差异，导致我们翻译出来的语句不符合目的语的习惯，所以典型句子的翻译在提高翻译水平的同时也提高了学习者的文化意识，如：

I very think you. 我很想你。

You how go to school. 你怎么去上学啊。

You give me stop. 你给我站住。

Give you some colour see see. 给你点颜色看看。

以上都是学习者在初学阶段很容易犯的翻译错误，主要是由于我们对英语语言及文化缺乏了解导致的。

3. 互动法

通过英语教师与学习者之间的互动交流，让学习者联想具有类似文化差异的中西方不同词汇或语言现象，以增强英语教学效果，提高学习者的英语学习水平。

（三）习得阶段

跨文化差异学习的最终目的是使学习者掌握差异，从而在交际中更加得体恰当。而这些差异的理解和掌握也要通过不同的课内外活动的练习而习得。如角色扮演；努力创造跨文化交际的机会，如创造条件使学生有与外籍人员面对面交流的机会；使用一定比例的国外原版教材，并努力提高自编教材的真实性；充分利用现代化教学手段；充分利用外籍教师；引导学生阅读外国文学作品、报刊文章，推荐学生观看体现文化背景、风土人情、社会习俗等内容的电影；开展丰富多彩的课外活动，诸如文化讲座知识竞赛等，引导学生逐渐养成自觉吸收不同文化的学习态度。

大学英语教学的目的是通过专业英语学习，或以内容为基础的英语学习，学习者进一步巩固和提高他们的英语基础知识和应用能力，通过各种形式的文化学习和跨文化交际体验来增强他们的跨文化意识和跨文化交际能力，从而发展成为具有较强跨文化交际能力和进行独立专业学习能力的人才。走出学校后进行英语学习的目的是通过参加各类培训，或通过各种社会和工作实践，学习者进一步巩固和提高他们的英语交际能力和跨文化交际能力，同时增强他们自主学习的能力，培养他们终身学习的思想。这一框架不仅是英语教学的需要，也是培养新时代跨文化交际人才的需要，因此应引起英语教师及英语学习者的高度重视，成为英语教学和学习的基本内容。

第五节　大学英语教学中的跨文化交际研究

尽管跨文化教育的实践具有悠久的历史，但是跨文化教育的理论探讨则直到20世纪70年代才出现，而且真正形成理性的研究是在20世纪90年代联合国教科文组织的文献中。近年来，跨文化教育已成为我国外语界研究的热门课题。20世纪90年代后期，我国外语界基本达成了一种共识，即语言教学中必须要进行跨文化教育。不少高校的大学英语教学已经开始关注跨文化教育在英语教学中的作用。很多大学都开设了跨文化交际学课程，受到了学生和社会的关注，产生了积极的影响。

目前一些高等院校的英语教学已经开始关注跨文化教育在英语教学中的作用。如通过教学内容的背景知识介绍，提供大量相关的阅读材料，以扩大学生的知识面，让学生从多角度接触英语语言国家的文化，感受与语言文化相关的现象、文化、习俗等。但这也只是注重目的语的文化，而对自身文化关注相当匮乏。目前，中国和国际外语教学的主流研究还只是停留在文化差异和语言差异的分析上，很少考虑其中的文化权势问题，而这正是被国际交流中越来越多的人所重视的。任何一种跨国界、跨文化的交流都是发生在双方（尤其是心理）平等的基础上，如果无视自身的文化传统、自身的民俗民风以及习惯等，而强化对方的文化与习俗，这样便不利于语言对比与文化对比研究，也不利于文化交流平等意识的树立，更不利于交流目的的实现。只有在对本国文化充分认知的基础上，并不断深化对优秀传统文化的理解，提高修养，才能去了解他国的文化，从中对比、吸收优秀文化，从而进一步拓展自己的跨文化心理空间。因此，英语教育教学既要重视目的语文化，也要重视本国文化，只有这样才能将双向跨文化交流传播获取知识过程的功效发挥到最大。外语教学实践证明，将语言与文化结合得越紧密，对目的语文化理解就越深刻，运用目的语语言进行交流、沟通的能力就越强。学生通过对语言及语言文化相关知识的学习，可以认识到丰富多彩的世界文化，获得更多的知识，从而形成一种开放、平等、宽容、尊重的跨文化心态，对异国文化采取尊重和包容的态度，从而在交流中从容运用。

另外，从目前我国大学英语教育教学的现状看，一方面大多数教师外语教学观念陈旧，基本仍采用学习单词、构词法、语法等，通过语言形式来理解语言内容、表述思想这种传统的教学方法；另一方面教师自身的跨文化能力不强，跨文化教育的知识普遍欠缺，跨文化教育素质不高，无法有效地在教学中实施跨文化教育。因而，大学英语教师在教育教学中必须具备跨文化教育的基本素质，加强跨文化教育的研究与实践。在英语教学中，要通过多种方式引导学生关注、学习、思考相关文化的差异，并且能乐于接受和善于理解文化的多样性。

帮助学生跨越中外文化差异，消除中外文化歧见，树立对世界各民族文化的正确态度，尊重不同文化。这不仅要探讨如何正确面对外来文化，更重要的是如何吸取、借鉴外来文化。通过学习、交流不但要让中国人民了解世界文化，也要让世界人民了解中国灿烂、悠久的文化。

一、目前大学英语教学中跨文化交际教学存在的问题

近年来，跨文化教育已成为我国外语界研究的热门课题。我国外语界基本达成了一种共识，即语言教学中必须有文化教学。然而，当前的外语教学明显地落后于经济的发展和社会的需求，尤其在跨文化教育方面显得更为薄弱。目前大学英语的跨文化教育主要存在以下问题。

（一）大学英语教师跨文化教育的意识和跨文化能力不够强

1. 教师缺乏跨文化教育意识和视野

外语教育是一种理念，目的是让学生理解目的语文化，消除文化壁垒，培养正确的跨文化意识。然而，传统的外语教学不注意语言的交际价值，即在培养学生语言能力的同时，没有重视语言的交际能力，没使学生认识到母语与目的语之间的文化差异。交际能力理论告诉我们，语言能力不等于交际能力，语言知识不等于语言运用。外语教学的目的不仅是传授语言知识，更是要培养学生能够运用所学语言的知识在不同场合对不同对象进行有效交际的能力。

外语教师本是学生外语学习的主要引导者，起着沟通学生个体文化和目的语文化的桥梁作用。然而，实际情况是很多外语教师跨文化教育意识淡薄，认为外语教学就是讲授语言知识，重语言形式轻社会文化因素，重视学生语言形式的正确与否或使用得是否流畅，而较少注意结合语言使用的场合来培养学生综合运用语言的能力。作为语言的讲授者和文化传播者的大学英语教师，如果本身对本国传统文化缺乏充分的认识、理解，缺乏全面的中外文化观，那就无法正确掌握目的语与母语文化之间的平衡，无法在文化教学中培养学生平等的跨文化交际意识，也就难以做到对语言文化背景的理解和发掘语言形式的文化内涵，更不可能帮助学生理解不同文化之间的差异。只有通过对中西文化的教育、比较、取舍、参照、传播的融通等，使学生掌握文化的共性与差异性，树立对文化的正确理解，才能最终实现跨文化教育的目标。须知，外语教师的重要职责之一就是帮助学生了解目的语文化背景，除了培养学生的基本语言技能之外，还要充当跨文化交流视角下大学英语教育探索者的角色，起到一个文化“桥梁”的作用。只有扮演好这一角色，教师的语言教学才能成功，学生的语言综合运用能力才能得到提高，才能在跨文化交流中实现成功的交际。因此，外语教师的教育理念要更新，要积累深厚的跨文化知识和培养较强的跨文化意识，提高跨文化理解的技巧，使跨文化教育的理念得到内化与深化。跨文化教育的实施有赖于外语教师具备跨文化意识，拓展跨文化视野，深入了解跨文化教育的内涵，将跨文化教育融于外语教学中。我们的教育不只是培养出会用外语表达外国事物、外国文化的学生，同

样，他们也应会用外语来表达我国的事物、文化，向外国介绍中国的优秀文化，以达到在对外交流中的平衡发展。因此，在文化全球化的背景下，外语教学不但要树立“知彼”的文化观（目的语文化），更要培养“知己”的文化意识（母语文化）。只有这样，我国外语教学才能够真正成为弘扬中国优秀传统文化、沟通中国和世界的桥梁和纽带。

2. 重视“目的语文化”的传授，忽略对“母语文化”的渗透

近年来随着英语教学改革的推进，英语教学中的文化问题日益被重视，从事英语的教师也开始关注文化在英语教学中的作用，跨文化教育意识在教学中也有所提高。但随之也出现了新的问题，就是在外语教学中重视“目的语文化”的讲解，却忽略了对自身“母语文化”的渗透；在教学中只强调对异文化的理解与认同，却忽视了对中国文化的传授。这就表现出教师普遍对母语文化在跨文化交际中的作用认识不够，不具备较强的批判意识，对两种文化间的异同缺乏深刻的理解，其说明多数教师还不具有两种语言应用上的深厚功底。教师文化素养欠缺，培养的学生，一方面表现在无法判断什么是世界文化精髓，该如何吸收、借鉴；另一方面表现在缺乏对传统文化的理解而无法弘扬中国优秀传统文化。所以无论忽视哪一方，都不利于培养跨文化交际能力。

正是由于人们在大学英语教学过程中一味地强调目的语国家文化的教学，对母语文化的涉及颇浅，使得母语文化处于基本被忽视的状态。当英美文化伴随英语教育在我国蓬勃发展之时，我们的传统母语文化却在不断退缩并渐渐让位于英美文化教育。一个普遍的现象是，许多有一定英文水平的中国青年学者，在与西方人交往的过程中，始终显示不出来自古文化大国的学者所应具有的深厚文化素养和独立的文化人格。当西方同行怀着敬意探询 Confucianism/Taoism（儒／道）的真谛时，我们的学者却心有余而力不足，只能顾左右而言他。

有些学生有较高的英语水平，也有较高的中国文化修养，但是一旦进入英语交际语境，其在日常用语交流中所表现出的中国文化底蕴就显得很苍白。南京大学的丛教授将这种现象称之为“中国文化失语症”，“中国文化失语”是我国英语教学的缺陷。因为跨文化交流绝不能仅局限于对交际对象的“理解”方面，还应表现为与交际对象的“文化共享”和对交际对象的“文化影响”方面，在某些情况下，后两者对于成功交际则更为重要。如果说，由于以往英语教学中西方文化含量的缺乏，导致了我们在国际交往中的多层面交流障碍（主要是“理解障碍”），那么英语教学中中国文化含量几近于空白的状态，对于国际交流的负面影响则更为严重。因此，大学英语教学跨文化交际能力的培养必须中西文化并重，既包括对英美及西方文化的学习，又包括使用英语表达中国文化的能力，以增强学习者对文化差异的敏感性、宽容性以及处理上的灵活性。

3. 英语教师的跨文化知识掌握欠缺

当前许多大学英语教师的文化意识和文化教育意识不强，缺乏有关跨文化和交际方面的知识，不具备跨文化的理解力。在教学中他们只注重语言表达能力的培养而忽视跨

文化应用能力的培养。他们对目的语文化缺乏较强的洞察力、理解力、判断力，缺乏对目的语优劣的扬弃贯通的能力，有的对母语优秀传统文化也没有充分认识、理解；对母语文化和目的语文化缺乏比较意识，甚至没有，同时其全球一体化国际意识比较淡薄，不具备较强的批判性思维，不能分辨不同文化的差异。涂东琼先生曾就跨文化教育对江西省的三所高校教师进行了问卷调查。其调查结果显示：一半以上的教师对于目的语文化和母语文化没有深入理解，都只是一般的了解状态。个别教师从不阅读最新的英文报纸、杂志，只有不到半数的教师有时会阅读最新的英文报纸、杂志，了解最新的国际新闻和全球的发展动态；只有极小部分的英语教师经常阅读一些最新的英文报纸、杂志。教师要加强自身素质的提高，要在英语教学中实施跨文化教育，只有不断提高母语文化和目的语文化的修养，扩大跨文化知识视野，比较母语文化与目的语文化之间的异同，了解两种文化的差异性，加深理解，才能培养学生的跨文化意识，提高跨文化理解能力与应用能力。

4. 跨文化教育的方法存在弊端

从目前情况看，多数教师不能灵活、有效地运用各种外语教学方法实施跨文化教育。主要表现在英语教师还不能掌握各种现代教学法与手段，特别是还不太善于根据具体教学目的需要选择最适用的教学法。在英语的教学中偏重语法和句法解释，偏重语言交际技能的训练，而忽视文化背景以及非语言交际因素。知识的传授往往只注重书本知识，而对如何引导学生通过大量阅读书刊、文献等获取跨文化交际知识做得不够，对拓宽学生知识面也不够重视，方法运用也不得当。课堂教学中，大多数教师只重视语言形式的正确性，很少教授如何得体地运用语言形式，对英语文化知识的介绍也很少，也随心所欲、点到即止，缺乏系统性。甚至有些教师本身对跨文化语用知识知之甚少，在遇到跨文化语用现象时，他们常用“惯用法”来做解释，但很多语言现象并非“惯用法”所能概括，倘若一碰到常见的句型及表达法，就称之为“惯用法”而让学生去死记硬背，结果是学生虽会枯燥地记忆一些句子和表达法，却因不会运用而逐渐对所学外语失去兴趣。以教师为中心的教学原则和方法，既忽视了学生的主体作用，也不利于培养学生的跨文化交际能力。实际上适合跨文化教育的英语教学方法有很多，如语法翻译法、直接法、听说法、交际法、自觉对比法等，但各个外语教学派别都存在自身的优势与不足，作为英语教师在教学中应扬长避短，将各种方法的优点灵活运用于课堂教学中，从而提高课堂教学效果，积极引导学生对中西文化进行客观比较，用历史辩证的眼光去透视各文化的不同点，用超然的态度去追索其差异的渊源，从而增强学生的文化属性敏感度，培养其树立正确的跨文化意识，最终实现对学生进行跨文化教育的目的。

（二）学生跨文化意识和交际能力薄弱

长期以来，我国的外语教学缺乏目的语文化的环境，国民教育的主要活动是向学生一味地灌输知识，不注重对学生能力的培养。

同时受整个教育体制和考试体制运作方式的制约，学生的英语学习风格也多是以背诵为主，学习英语的直接目的就是通过四、六级英语等级考试，获取大学文凭。所以，考试目的往往起着主导性作用。从教学条件上看，教育经费的投入与受教育的人数增加和教育发展的需要还不相称，目前的大学英语教学明显不能适应经济的发展和社会的需求。另外，教师数量不足，教学水平有待提高，学习外语的学生人数增长幅度较大，且综合素质参差不齐，教师难以做到因材施教，学生学习也只注重书本知识的学习，忽视已有知识的运用。至于课外英语学习环境，无论是学校、家庭还是社会，都难以提供学习、交流与实践的真实环境。虽然有些学生英语表达能力较强，但跨文化理解能力普遍较弱，当语言能力提高到一定的水平之后，文化障碍更显突出，如对交际策略、交际原则、礼貌规则等方面的知识知之甚少。在实际交际中，语言失误很容易得到对方的谅解，而语用失误、文化的误解往往会导致摩擦发生，甚至造成交际失败。语言学家沃尔夫森（Wolfson）曾指出，“在与外国人交流时，语用失误往往比语法错误更糟糕，因为英语为母语者能够容忍发音、句法方面的错误；但是，由于没有意识到社会语言的相对性，他们认为违反英语话用规则是极其不礼貌的”。一个外语说得很流利的人，背后往往隐藏着一种文化假象，使人误认为他同时也具有这种语言的文化背景和价值观念，他的语用失误，有时令人怀疑是一种故意的语言行为，因此导致冲突发生的潜在危险更大。当代学生普遍存在母语文化素养较缺乏，对中国传统文化知道较少等现象。特别是20世纪90年代以来，由于互联网的迅猛发展，更加快了英语的全球化。这种信息交流的极端不对等性无疑助长了一方的文化霸权意识，加重了另一方的受“文化侵略”的危机感。我们正处在一个建设先进民族文化的新时代，正处于热切呼唤人文精神的新时代，母语文化素养的培养，也就是为学生构筑精神的底子，直接影响价值观、世界观等的确立。西方先进国家的高科技与时尚文化都在有意识无意识地影响着学生的心理。加强母语文化学习，是弘扬民族精神、延续民族生命的重要渠道，另外进行文化对比需要以母语文化为参照，较高的母语文化素养可以促进跨文化交际能力和学生综合素质的提高。所以，迫切需要通过跨文化教育使大学生养成平等、开放、宽容与尊重的跨文化心态，引导他们形成比较合理的跨文化意识和理念，从而增强跨文化交际能力。

（三）跨文化交际的内容较欠缺

1. 跨文化教育的教学大纲存在不足

一直以来我国的《大学英语教学大纲》未将文化教育列入教学要求中，虽然1999年新出台的大纲从培养21世纪创新人才的目的出发，增加了“提高文化素养”这一新的教学要求。但是相对目前《大学英语教学大纲》中语言三要素（词汇、语法、语意）教学的体系而言，大学英语的跨文化教育还没有形成完整体系，跨文化教育至今仍无纲可循。2004年1月教育部颁发了最新的《大学英语课程教学要求（试行）》（以下简称《要求》），作为各校组织大学英语教学的主要依据。《要求》确定大学英语教学性质是以英语语言知识与应用技能、学习策略和跨文化交际为主要内容，以外语教学理论为指导，并集多种教学模式和教学手段为一体的教学体系。该《要求》确定的大学英语教学的性质和目标以及三个不同层次的教学要求非常全面，符合当今世界经济发展和国际交流的需要，也适合中国的国情。然而，在对三个不同层次的教学要求进行具体阐述时，《要求》只列出了听力理解能力、口语表达能力、阅读理解能力、书面表达能力、翻译能力和推荐词汇量六个项目，全然忽视了性质和目标中所提到的跨文化交际和综合文化素养的内容。可见，文化教学和跨文化交际能力的培养仍然被置于外语教学的边缘，并没有得到切实的、真正的认可和重视。

2. 跨文化教育的内容在英语教材中较为薄弱

到目前为止，以文化导入为目的的系列教材尚未正式出版，相关的参考资料就更少了，即便有相关的音像资料但又缺乏系统性，像词典、教学参考资料上能够查到的文化解释也极为有限。大学英语教材中内容的选择也缺少有关中国传统文化的内容，这不利于学生在跨文化交流中传播自己国家的优秀文化，也不利于学生提高对文化优劣的鉴别能力，更不利于学生文化平等意识的建立。笔者近年在教学中曾使用复旦大学出版的《新潮高职高专英语教程》，北京大学出版社出版的《新世纪英语教程》，高等教育出版社出版的《实用英语》等教材，通过对以上教材内容的分析，可以看出我国外语教材当前在跨文化教育方面存在以下不足：

（1）知识广泛，但对跨文化教育突出不够，文化内容偏狭、过时

这些课文内容主要是对跨文化教育的知识进行浅显的介绍，没有从跨文化教育的角度进行选择设计，跨文化教育的内容在教材中不能得到详尽的描述，通常只是轻描淡写地一带而过。此外，不少课文的文化内容偏狭、过时。现有教材大都选用一些无关痛痒的日常生活层面作为文化教学的内容，很少涉及社会的阴暗面和有争议的话题。这种以正面教育为主的想法固然有一定的道理，但是，从学习者综合素质和能力培养的角度来看，不让他们了解真实的社会，不引导他们对一些社会问题进行讨论和思考，实际上是浪费了一个绝好的学习机会。跨文化意识和能力在很大程度上是在对一些具有争议的、涉及价值观和世界观的问题进行讨论和思考的过程中提高的。

（2）中国本土文化内容缺失

课文内容大部分是以英美国家的文化为背景，以灌输英美文化为主要目的，很少涉及中国本土文化的内容。事实上这与大纲中跨文化交际的要求不相符合。跨文化交际应该是双向和平等的，而非单向的交流。

（3）重知识，轻态度与能力

这些课文比较广泛地介绍了跨文化教育的知识，但没有说明如何通过学习这些课文形成积极的跨文化态度和跨文化能力。所以它们只能帮助学生获得跨文化知识，而不能引导

学生形成积极的跨文化态度和有效的跨文化能力。

二、大学英语教学中跨文化交际教育的实施途径

1. 大学英语词汇中的跨文化教育

语言学家 Ranzboas 在“Language and Thought”一文中论述：“在思维方面对语言和文化最有影响力的是词汇。”词汇是语言的基本要素，其含义和用法体现民族与文化间的差别。尤其英语习语是英语语言的瑰宝，是英语文化的一面镜子，并且短小精悍，便于学生记忆。

因此，在英语教学中，教师应重视词汇的文化内涵，加强英语词汇中的跨文化教育。

（1）语义相同的词汇在不同文化中所产生的联想不一样或者截然相反。例如，一些颜色的词汇为不同语言和文化所共有，然而他们的文化内涵却截然不同。西方人习惯用蓝色来表示消沉、淫秽、色情、下流等负面的含义；但在中国文化中人们用蓝色来表示宁静、祥和、肃穆，而猥琐下流的意思却用黄色来表示。同样绿色在不同的文化中内涵也不同，在西方国家绿色被联想为“稚嫩、不成熟”“缺乏经验”；而在中国文化中，绿色象征生命，代表春天、新生和希望。在中国文化中，人们过年、过节都喜欢用红色饰物装饰自己的家居，婚礼上新娘穿红色的服装表示喜庆、吉祥。用“红”做语素的词一般都包含兴旺、繁荣、成功、顺利、受欢迎、流行等含义，如红利、红运、红榜、开门红、红人等。而在讲英语的国家，红色多用来表示恼怒、气愤的意思抑或还有其他负面的含义，如红灯区（red-light zone）是妓女出没的场所。

在谈到中国农民时，中国人往往称其为 peasant；而在西方国家，peasant 一般指未受过教育的、社会地位低下的，或举止粗鲁、思想狭隘的人，带有明显的负面含义。在汉语中，“农民”指的是直接从事农业生产劳动的人，无论在革命斗争中还是在社会主义建设中都是一支重要的生力军，丝毫没有贬义。如“ambition”一词中文翻译成“野心”，在中国文化中，人们经常使用“野心家”　“野心勃勃”等，不难看出该词在中国文化中具有负面的含义；而在西方文化中，“ambition”是指“远大的抱负、理想”等正面、积极向上的内涵，这正是西方人所崇尚和追求的价值观。柳树在中国文化中被赋予分离、思念的联想意义。由于“柳”与“留”谐音，在长期的文字使用过程中，人们将“挽留、离别、思念”等这样的含义赋予“柳树”也是很自然的。在离别时古人有折柳送别的习俗。唐代大诗人王维在送好友元二出使安西的时候，也留下了“客舍青青柳色新”的佳句。而柳树（willow）在英语中则有着不同的联想意义。在西方柳树常常使人联想起悲伤和忧愁，多与死亡相关。如在莎士比亚的《奥赛罗》（*Othello*）中，戴斯德蒙娜（Desdemona）就曾唱过一首“柳树歌”，表达她的悲哀，同时也暗示了她的死。在经历了巴比伦之囚以后，犹太人把马头琴挂在柳树上，寄托他们对耶路撒冷的思念。在 Dryden 所写的 *Secret Love* 中，柳树也有这样的联想意义：If you had not forsaken me，I had you；so the willows may flourish for any branches I shall robe them of。这些都表明 willow 在中西方虽同指相同的物体，它们的联想

意义却不同。

中西方月亮的象征含义也不尽相同。月亮在中国文化中的象征意义十分丰富，它是美丽的象征，创造了优美的审美意境。“月亮”象征团圆，它能引发人们对团圆的渴望、团聚的欢乐以及远离故乡亲人的感伤，还能使人联想到“嫦娥、吴刚、玉兔、桂树”等神话传说。同时，月亮也是人类相思情感的载体，它寄托了恋人间的相思，表达了人们对故乡和亲人朋友的怀念。在失意者的笔下，月亮又有了失意的象征。而月亮本身安宁与静谧的情韵，创造出的静与美的审美意境，又引发了许多失意文人的空灵情怀。高悬于天际的月亮，也引发了人们的哲理思考，月亮成为永恒的象征。自古以来，又有多少咏月诗词表达了“花好月圆人长寿”的美好愿望。而在英美文化中，月亮在月圆时象征着富饶，而在月缺时象征着死亡、风暴和毁灭。由于古罗马人相信精神受月亮的影响，所以人们认为精神错乱是由月亮引起的。月亮还被认为是使内心发生冲突、极度烦恼的原因，因而影响着精神病的病发。英文“lunacy”（疯狂）和“lunatic”（疯子）都源自月亮。

这些文化内涵不同的词汇容易导致学生的理解错误，因此交际者必须十分注意这些具有民族文化背景的词汇。

（2）指示意义相同，在一种语言中有丰富的联想意义，在另一种语言中却没有的词汇。例如，“竹子”这种植物就与中国的传统文化有着深厚的关系。中国人常用竹来以物喻人，表达自己坚贞、高洁、刚正不阿的性格。“雪压枝头低，虽低不着泥；一朝红日出，依旧与天齐”，这是明太祖朱元璋给予竹的刚正之誉；邵谒的《金古园怀古》：“竹死不变节，花落有余香”，欧阳修的“竹色君子德，猗猗寒更绿”等。与之相反的是 bamboo（竹子）一词在英语中几乎没有什么联想意义，它只是一个名称而已。在中国传统文化中，“九”是表示最多、最高的大数，又因为“九”与“久”谐音，人们往往用“九”表示“长久”的意思。历代帝王都崇拜“九”，希望长治久安。因此，皇帝穿九龙袍，故宫房屋有 9999 间，每个门上的铜门钉也是横竖 9 颗，共有九九八十一颗门钉，取“重九”吉利之意。而在英语中，nine（九）并没有特殊的内涵。

（3）各自文化中特有的词汇，即文化中的词汇缺项。语言的词汇系统总是依附于其社会文化，历史长河中一个国家曾有过的文化个性都会在语言文字上留下不可磨灭的印记。由于汉英民族在宗教信仰、自然环境、政治体系、经济发展水平、历史传统、价值取向等诸方面的差异，各个民族的文化中都有大量为该民族文化所特有，而为另一文化所无的特殊现象，这样就难免在另一文化中造成“真空”地带，即文化“零对应性”，也就是汉英文化中的词汇缺项现象。曾经在中国北方农村常见的“炕”对于多数英语国家的人来说，如不是亲眼所见、亲自尝试，是完全难以想象的。如翻译成英文，则必须给予适当的解释和说明：Kang：a heatable brick bed。类似的还有“冰糖葫芦”。又如汉语中的“阴阳”很难确切地译为英文。在英文里没有合适的对应词，这是因为中国的哲学思想或价值观与西方的不同。“阴阳”本源于中国古代道家的学说，他们认为世界万物都有阴阳两面，相克相生，互相转化。同样，英语词汇中也存在诸如 motel（汽车旅馆），hot dog（热狗），

time clock（打卡钟，备有记录员工上下班时间装置的钟）等词汇，在汉语中就找不到对应词甚至近义词。

同样，像 cowboy，hippie，Dink 这样的词虽然被译成汉语，但不了解西方文化的人并不能确切知道他们到底是些什么人。在课堂教学中，首先要让学生弄清缺项词语在两种语言中的真正文化内涵，然后可通过音译、直译或意译并在译文中加解释说明或文化诠释来处理词语空缺造成的交际障碍，从而使跨文化交际得以顺利进行。

2. 大学英语语法教学中的跨文化教育

语法是语言表达方式的小结，它揭示了连字成词、组词成句、句合成篇的基本规律。每一种语言都有其独特的语法体系，不同的语言使用不同的语法系统和规则来指导和评价该语言群体的语言使用。英语是一种形态语言，其语法关系主要是通过其本身的形态变化和借助一定的虚词来表达的。英语句子多靠形合，汉语句子多靠意合。英语句子能够形成紧凑严密的“树”形结构，是因为有各种连接词起到了黏合剂的作用。汉语句子的线性结构灵活流畅，是因为没有过多的“黏合剂”，句段之间可不用任何连接符号，而靠语义上的联系结合在一起。如“If winter comes，can spring be far behind？”（冬天来了，春天还会远吗？）一看到连词 if 两句的语法关系便了然于胸。与英语句法比较，汉语重语义，轻形式。对汉语句子理解一般要靠环境以及文化背景等方面因素的整体把握。如“打得赢就打，打不赢就走，还怕没办法？”毛主席这句脍炙人口的名言，看上去像是一连串动词的堆砌，几个短句之间无连接词语，但其上下文的语义使它们浑然一体。如要表达“他是我的一个朋友”，不能说“He’s my a friend”，而应该说“He’s a friend of mine”，双重所有格准确地体现了“他”与“我的朋友”之间的部分关系。这就是我们常说的英语重形合，汉语重意合，西方人重理性和逻辑思维，汉民族重悟性和辩证思维。所以，在日常语法教学中，适时恰当地引入目的语文化元素，将中西文化差异进行对比，既能使学生获得目的语的文化知识，又能使枯燥无味的语法学习变得鲜活有趣，从而提高学生的学习兴趣。

3. 大学英语篇章教学中的跨文化教育

外语教师在篇章教学过程中，要坚持介绍文章作者生平、故事或事件文化历史背景及其他相关文化科学知识，解释因文化差异而产生理解困难的句子。这些对拓宽学生的文化视野，感受文化差异，消除阅读障碍有很大帮助。这种安排有益于课堂教学中语言、文化氛围的形成，使学生感受到语言文化的双重熏陶。

教材本身就是一种跨文化知识的传授，教师在教学过程中应适当联系、补充一些与课文相关的知识，甚至可以与母语文化中的相关内容进行比较，使学生对同一个主题文化有更全面、更系统的认识。如课文涉及食品与健康，就自然联想到外国快餐进军到中国和中西餐桌礼仪与文化；讲美国就会提到美洲大陆、移民、唐人街、海归派、种族歧视等。除课本外，教师应选择体现中西文化共性和差异的英文文章，作为学生的课外补充材料，使学生更加了解西方的风土人情和价值取向。

4. 大学英语翻译教学中的跨文化教育

被看作是两种语言转换过程的翻译活动绝不仅仅是从一种语言到另一种语言的传递，也不可能是字、词、句之间的机械转换，它是两种文化之间的跨文化交流活动。因此，不了解文化之间的差异无疑会在翻译过程中产生很大障碍。学生在翻译中常出现的最严重的错误往往不是因为表达不当造成的，而是源于文化差异所造成的障碍。因此，笔者主张在大学英语翻译教学中，加强中西方文化背景知识的传授。

1）地域和历史方面的文化差异对翻译的影响

所谓地域文化就是指由所处地域、自然条件和地理环境所形成的文化现象，其表现就是不同民族对同一种现象或事物表达形式采用不同的言语。例如，汉语中人们常用“雨后春笋”来形容新事物的迅速涌现或蓬勃发展，但是英语中却用 spring up like mushrooms（蘑菇），汉语中的“多如牛毛”表示事物之多，而英语中则用 plentiful as blackberries（草莓）。中国在地理环境上属于半封闭的大河大陆型，自古以来，人们的生活和生产活动主要是依附在土地上。因此，汉语词汇和习语有许多都与“土”有关，如“土生土长（locally bom and bred）、土洋并举（to use both indigenous and foreign method）、土特产（local product）”等。但在英译时它们都失去了“土地”一词的字面意思。倘若将“土”字都不留余地地译出，就会让西方人感到莫名其妙。

相反，英国是个岛国，四面环海，英语中与海洋渔业有关的表达俯拾即是，翻译成汉语时却采用另外的表达法。如英语“all at sea”（字面意思为“在海上”），汉语却翻译为“茫然不知所措”；英语“a small leak will sink a great ship”（字面意思为“小漏沉大船”），汉语却翻译为“蝼蚁之穴能溃千里”；英语“sink or swim”（字面意思为“是浮还是沉”），汉语却翻译为“孤注一掷”；英语“spend money like water”（字面意思为“花钱如流水”），汉语却翻译为“挥金如土”。一定的语言表达跟特定的历史文化也是分不开的，在两种语言之间进行翻译时，会经常遇到由于历史文化差异而出现的翻译难题。例如，英语“waterloo”(滑铁卢)是比利时的一个地名，拿破仑于1815年在那里惨败，整个战局为之一变。因此，“to meet one’s waterloo”在进行翻译时应该包含“遭到决定性失败”之意。

又如：“三个臭皮匠，顶个诸葛亮。”诸葛亮是中国历史上的著名人物，在中国家喻户晓，是人们心目中智慧的象征。但西方读者未必知道他是何人，与“臭皮匠”有何联系，若采用直译很难传递句子所蕴含的丰富历史文化信息。在此只有采用直译加增译相结合的方法，才能使原语言的信息得以充分再现，故可译为：“Three cobblers with their wits combined equal Chukeh Liang-the master mind.”

2）宗教信仰的差异对翻译的影响

宗教文化是人类文化的一个重要组成部分，它指的是由民族的宗教意识、宗教信仰所形成的文化。对于中西方宗教文化方面存在的差异，在翻译时应予注意。

如果译者不了解宗教文化背景，势必会给翻译带来困难。欧美人信基督教的居多，认为上帝（God）可创造一切，因而有 God helps those who help themselves（自助者天助）的说法。比如三个和尚的典故留下了一个家喻户晓的谚语：“一个和尚挑水吃，两个和尚抬水吃，三个和尚没水吃。”要把这个谚语神形并茂地译成英语并没有那么容易。主要问题在于信仰基督教的英语国家对“和尚”这个概念比较陌生，而有关和尚的这个典故更是鲜为人知，译成英语时形意很难兼顾。因此可只重传意，采用套译法，即套用英语中现成的成语：“One boy is a boy，two boys are half a boy，three boys are no boy.”。

再看英语句子“He can be relied on.He eats no fish.”英语短语“to eat no fish”出自一个宗教典故，指的是英国伊丽莎白女王时代，耶稣教徒为了表示对政府的忠诚，拒绝遵守反政府的罗马天主教徒在星期五只吃鱼的习俗。因此，“to eat no fish”（不吃鱼）是表示“忠诚”的意思。故本句可译为：“他非常忠诚，值得信赖。”

3）思维方式和价值观的差异对翻译的影响

思维方式的差异本质上是文化差异的表现，长久生活在不同区域的人具有不同的文化特征，因而也形成了不同的思维方式。英语民族的思维是个体的、独特的，而中国人注重整体、综合、概括思维。表现在语言上，英语偏好用词具体细腻，而汉语用词概括模糊。例如“说”一词，英语有“say，speak，tell”等，这些词可以表达不同情况下“说”的意思。这样使语言简洁准确，又富于变化，形象生动。而汉语往往趋向于泛指，在“说”前加副词修饰语，如语无伦次地说、低声地说、嘟嘟囔囔地说。如东方人偏重人文，注重伦理道德，西方人偏重自然，注重科学技术；东方人重悟性、直觉、求同、求稳、重和谐，西方人则重理性、逻辑、求异、求变、重竞争等。不同的思维方式决定了各个民族按照各自不同的方式创造不同的文化，而这种不同必然要通过文化的载体——语言得以表达。这种思维方式的差异常导致翻译中一些词语的引申义不同，因此，我们要谨防翻译陷阱。

价值观指人的意识形态、伦理道德、宗教信仰以及风俗人情等为人处世准则的观念，一般认为是特定文化和生活方式的核心，表现在两种语言中，会对语言理解和翻译造成很多障碍，足以引起翻译工作者的重视。中国人认为个人是“沧海一粟”微不足道，推崇社团和集体价值，强调社会群体的统一和认同，是一种社团价值至上的价值取向。而西方文化则是个人价值至上，它推崇个人主义，强调个人的存在价值，崇拜个人奋斗。例如，英语谚语中说“God helps those who help themselves”（天助自助者），“self is our center”（我是我们的核心），“life is battle”（生活就是战斗），这些英语谚语都在告诫人们：只有靠自己奋斗，才能获得成功和安全感。

这些都表明了西方人的个人主义价值观。中国人常说“四海之内皆兄弟”“在家靠父母，出门靠朋友”“仁义值千金”“大树底下好乘凉”等，这都说明中国人常把自己和所谓自家人视为一体并希望能够在自身以外找到安全之所。中国传统文化中最重要的价值观念是“忠”和“孝”。人际交往很注意自我与谈话对象的关系。中国文化又被称为“我们文化”“集体主义文化”。将英语中的“individualism”与汉语中的“个人主义”相提并论，价值观的差异尤为明显。在西方，该词指的是“独立自主”的个人品质，人们把自己看成是单独的个体，凡事都从个人利益出发，以个人为中心，体现个人价值。他们相信天道酬勤（God help those who help themselves），主张独立自强，喜欢个人竞争，强调平等和权利。而中国的传统文化，由于受儒家和道家思想的影响，强调群体意识，个人的利益服从集体的利益，各个成员之间互帮互助、彼此合作。因此，汉文化的"个人主义"是与"集体主义"相对的贬义词。它是指一切从个人出发，把个人利益放在集体利益之上，只顾自己，不顾他人的错误思想。

5. 大学英语写作教学中的跨文化教育

英汉两种语言的篇章结构与其思维模式相关，有什么样的思维模式就有什么样的语篇组织结构。西方文化注重线性的因果式思维，而中国文化偏重直觉和整体式思维。这就导致语篇结构方面的巨大差异。英语句子组织严密，层次井然有序，其句法功能一望便知。比如，If winter comes，can spring be far behind？见到连词if两句间的逻辑关系便了然于胸。而汉语句子成分之间没有英语那么多的黏合剂，较少地使用连接手段，句子看上去显得松散，句子间的逻辑联系从外表不易看出。汉语思维模式呈螺旋式，其思维习惯在书面语言上的表现形式是迂回曲折，不直接切入主题，而是在主题外围"兜圈子"或"旁敲侧击"，最后进入主题。"文若看山不喜平"是典型的汉语修辞模式，也是衡量文采的标准。英语篇章的组织和发展是"直线式"（linear），通常先开门见山、直抒己见，以主题句开始，直截了当地陈述主题，然后用事实说明，即先有主题句，后接自然衔接的例证句。英美人的思维方式决定了英语写作中出现主题句的必然。

例如：

Soccer is a difficult sport.（1）A player must be able to run steadily without rest.（2）Sometimes a player must hit the ball with his head.Bang into and be banged into by others.（3）He must be willing to bang into and be banged into by others.（4）He must bear with aching feet and sore muscles.

这段话的第一句就是主题句，是段落的中心，（1）、（2）、（3）、（4）句是用来说明，支撑主题句的。而在汉语中，我们习惯于先分后总，先说原因后说结果，即所谓的"前因后果"，如果要表达同样的意思，我们会这样说：足球运动员必须能不断地奔跑，有时得用头顶球，撞击别人或被别人撞，必须忍受双脚和全身肌肉的疼痛，所以说，足球运动是一项难度较大的运动。这样通过对比，使学生了解中西的写作思维模式差异，学会用英语思维，写出较地道的英语文章。

第三章　大学英语跨文化交际能力培养策略

第一节　跨文化交际能力

近年来，很多学者对在翻译教学中融入跨文化意识这一较新的理论已经达成共识。科学技术日新月异、国际交往与合作日益密切，促使跨文化交际成为当前社会生活中必不可少的一部分。翻译作为跨文化交际的桥梁，在信息传递的过程中起着至关重要的作用。语言是文化的载体，也是传播文化信息的重要渠道，一种语言文字翻译成另一种语言文字就要不可避免地涉及大量的文化内涵。因此，翻译不仅涉及语言问题，也涉及文化问题。这就要求教师在翻译教学过程中不断地向学生传播不同的文化知识，采取多种多样的教学方法，培养和提高学生的跨文化能力，只有这样，才能从根本上提高学生的翻译能力。

一、跨文化交际能力的含义

跨文化交际能力是一个复杂的概念，包含很多要素，涉及很多层面，因此要给出一个全面、科学、统一、实用的定义相当困难。尽管如此，来自不同学科领域的学者根据自己研究的需要对这一概念从不同侧面进行了论述，其中 Hammer（1989）；Ruben（1989）；Gudykunst（1994）；Byram（1997）；Bennett，Bennett & Allen（1999）和 Fantini（2001）的相关论述影响最为广泛。这里我们简单介绍最具代表性的 Bennett，Bennett & Allen 和 Fantini 对跨文化交际能力的描述，并在此基础上对跨文化交际能力的情感—认知—行为框架做较具体的阐述。

（一）Bennett，Bennett & Allen 对跨文化交际能力概念的论述

Bennett，Bennett & Allen 认为跨文化交际能力包含三层含义：超越民族中心主义思想的能力、善于欣赏其他文化的能力以及能够在一个或多个文化环境中恰当表现的能力。这一看似简单的定义实际上蕴含着丰富的内容。第一，要培养超越民族中心主义思想的能力，必须首先认识到民族中心主义思想的客观存在，然后通过在实践中不断反思自己的言行，逐渐培养超越民族中心主义思想的能力；第二，善于欣赏其他文化的能力是建立在超越民族中心主义思想能力的基础上，以一种包容、开放、友好的态度，通过移情或换位思考的方法，来理解和欣赏他族文化的能力；第三，能够在一个或多个文化环境中恰当表现的能力实际上是要求我们在各种跨文化交际场合中能够根据具体的、不同的交际对象，调整自己的文化参考框架，灵活应对，恰当、有效地进行交际的能力。将“恰当”和“有效”

作为评判跨文化交际表现的两个主要标准在跨文化交际学界已得到普遍的认可。“有效”指的是经过一定的努力，在一定的时间内，成功实现既定目标，得到应有回报。“恰当”则是指在交际过程中双方认为重要的准则和规范，以及对他们之间关系的期望没有受到严重侵犯。这两个标准的确定对跨文化培训和个人的跨文化交际实践具有指导作用。

Bennett，Bennett & Alien 关于跨文化交际概念的论述比较全面、深入，有利于我们对这一概念的理解和认识，但是由于过于抽象、空洞而缺乏操作性，对我们在外语教学中培养跨文化交际能力的具体实践起不到实际的指导作用。相比较而言，Fantini 的论述更加具体，可以成为我们外语教学和跨文化培训的重要参考。

（二）Fantini 的跨文化交际能力框架

Fantini 将跨文化交际能力归纳为五个要素：一系列特点或特征（a variety of characteristics or traits）、三个方面（three areas or domains）、四个层面（four dimensions）、二语水平（proficiency in a second language）和不断进步和发展的过程（various levels of a longitudinal and developmental process）。

（1）具有跨文化交际能力的人通常表现出来的特征包括：灵活、幽默、耐心、开放、好奇、移情、对模糊和不确定因素的包容和忍受以及不做好坏优劣的判断等。

（2）跨文化交际能力涉及三个方面的能力：①与人建立和保持关系的能力（the ability to establish and maintain relationships）；②交际中尽可能减少缺失和曲解的能力（the ability to communicate with minimal loss or distortion）；③为了共同的利益和需要进行合作的能力（the ability to collaborate in order to accomplish something of mutual interest or need）。

（3）跨文化交际能力包括四个层面：①知识（knowledge）；②态度（positive attitudes）；③技能（skills）；④意识（awareness）。

（4）用外语进行交际的能力：外语交际能力是跨文化交际能力发展的重要条件，因为在用外语与不同文化背景的人们进行交际的过程中，我们会遇到语言和文化障碍，为了达到交际的目的，我们必然会采用各种交际策略，调整自己感知、理解和表达的习惯，从新的视角去看待世界，由此形成对世界新的认识，这就给我们提供了宝贵的跨文化交际的体验。不能用外语进行交际的人们会失去这样的机会，只能在自己熟悉的圈子里看待世界和理解世界，成为名副其实的井底之蛙。

（5）跨文化交际能力的发展通常是一个不断进步和发展的过程，这个过程由低到高可以由这样四个阶段构成：第一阶段：短期旅行者（traveler），通常是出国进行几周短期学习和访问的人士；第二阶段：旅居者（sojourner），通常是前往国外留学或实习的人士；第三阶段：职业者（professional），在跨文化或多文化环境下工作的人士；第四阶段：跨文化（多文化）专家（intercultural / multicultural specialist），专业从事跨文化培训、教育、咨询的人士。

这四个阶段分别代表对跨文化交际能力提出不同要求的四种跨文化交际环境，跨文化教育和培训者可以根据自己的教育和培训对象的实际需要，确定教育或培训目标，因此对这四种环境所需跨文化交际能力的研究和分析意义重大。

Fantini 从多个侧面对跨文化交际能力进行了描述，不仅帮助我们认识跨文化交际能力的内涵，而且他所提出的一系列特征、三种能力、四个层面、外语水平和发展阶段的框架对跨文化教育与培训具有很大的参考价值和实际指导作用。美中不足的是他对四个层面的描述比较简单，而这四个层面又是跨文化交际能力的核心所在，因此我们有必要弄清这四个层面的具体内容。

（三）跨文化交际能力的情感—认知—行为框架

一般来说，能力（competence）涉及三个层面：情感、认知和行为。与这些个性特征相对应的是动机、知识和技能三个教育范畴。换句话说，能力应该包括一定的相关知识、将这些知识转换为行为表现的技能以及渴望知识、勇于实践的态度和动力。据此，跨文化交际能力就可以定义为：掌握一定的文化和交际的知识，能将这些知识应用到实际的跨文化交际环境中去，并且在心理上不惧怕，且主动、积极、愉快地去接受挑战，对不同文化表现出包容和欣赏的态度。这里所说的态度和动机实际包括 Fantini 单列出来的意识的内容。以上三个层面综合的结果就是跨文化交际能力。

因为我们分析跨文化交际能力的目的是寻求提高这种能力的渠道和方法，所以能否统一定义，进行进一步的理论研究不是本章和本书的任务，我们关心的问题是哪些知识、技能和态度是具有跨文化交际能力的人必须学习和发展的，对这个问题的回答决定着跨文化培训和外语教学的目的、内容和方法，具有实际意义。本书作者在借鉴 Samovar 和 Porter（1995），Byram（1997）等研究成果的基础上，提出以下跨文化交际能力框架。

1. 态度层面

态度对于任何形式的学习，尤其是外国语言和文化的学习，是至关重要的。这里，态度指的是对持有与自己不同价值观念、遵守不同行为规范、采用不同意义系统的人们的态度。通常这一态度表现为成见或偏见，无论是正面还是负面的成见都会影响跨文化交际双方的相互理解。另外，民族中心主义思想的普遍存在也不利于来自不同文化人们之间的交流合作。由此得出以下态度层面的目标。

（1）增强自我意识，认识民族中心主义思想和成见的存在，消除偏见。知己知彼，百战不殆。良好的人际交往也需要我们首先对自己有一个清楚的认识。根据第二章的论述，民族中心主义思想、成见和偏见等问题或多或少地存在于我们每一个人身上，而这些主观认识往往是导致跨文化交际困难和失败的罪魁祸首，因此我们必须善于剖析自己，反思自己的言行，认清这些客观存在的问题的危害性，有意识地减少或消除它们对跨文化交际可能产生的负面影响。

（2）培养对异国文化的好奇、开放、欣赏、移情的态度。为了更好地了解他国文化，与来自不同文化的人们进行愉快、有效的交流，我们还必须培养对外国文化的兴趣和好感，增强学习和了解外国文化的动力。同时对不同于自己本族文化系统的价值观念、行为规范和文化习俗持开放、欣赏的态度，并能将心比心，愿意站在对方的角度思考问题，即所谓移情。

（3）培养文化相对论思想和跨文化意识。一个具有跨文化交际能力的人应该具备文化相对论的思想，即相信文化无好坏优劣之分，任何一种文化都为其成员服务，为他们提供思维和言行的参照和导向。文化的共性和普遍规律也说明文化对于社会、民族和个人所起的作用大致相同。然而，文化在具有共性的同时，也存在着差异，正是这些差异的存在使得跨文化交际非常困难。因此我们不能夸大文化共性，错误地认为各文化之间、各民族之间已趋于大同，差异和分歧可以忽略不计。正确的态度是，在文化相对论思想的指导下，树立跨文化意识，积极、热情地去理解不同文化的具体特征和内容，分析文化之间的差异。

2. 知识层面

Byram 认为跨文化交际过程中交际双方应该具备和运用的知识包括两个方面："一方面是关于他们自己国家和对方国家的社会群体及文化的知识；另一方面是关于个人和社会层面交际过程的知识。"关于本族文化的知识来自个人的社会化过程，在这个过程中人们不知不觉习得了反映自己国家和本族文化特点的文化身份。而学习其他国家和群体的文化知识往往是通过阅读、学习、参观、访问等各种手段，将其与自己的本族文化进行比较和对比，有意识进行的。

Byram 所指的有关交际过程的知识比较含糊，作者更倾向于将其理解为有关交际环境的作用和跨文化交际普遍规律的认识。首先，交际与语境的关系密不可分，无论是由地理位置和环境布置等构成的客观环境，还是由人际关系、权力距离、谈话主题等构成的社会环境，都会影响交际的过程和结果。所以，人们在接受跨文化交际能力培训的时候应该学习相关的社会语言学的知识。其次，跨文化交际参与者还应该学习跨文化交际的普遍规律，掌握一定的文化学、社会学、心理学的相关知识，认识文化和文化学习的本质，了解文化冲突和文化调适等各种跨文化交际场合通常会遇到的问题和经历的过程。值得一提的是跨文化交际能力不应该只局限于某两种具体文化之间的交际环境，而必须能够超越具体文化，灵活变通地应用到各种交际场合，这才是跨文化交际能力的真谛所在。

另一个重要的知识范畴是交际所使用的信息编码和解码系统，主要有语言和非语言两大类。共同的语言系统是跨文化交际的关键，由于来自不同国家的人们往往使用不同的母语，所以外语学习非常重要。而非语言行为作为一个独立的，同时又是辅助的意义表达系统，在信息传递中也起着不可忽视的作用。这样综合起来，跨文化交际能力的知识层面应该包括以下主要内容：

（1）积累本民族文化和外国文化的知识，进行比较分析，了解异同；

（2）学习关于语境（地理环境和社会文化环境）的知识，认识语境对交际过程的影响；

（3）学习外国语言知识，提高外语使用能力；

（4）学习非语言交际的意义表达系统，了解其中的文化差异；

（5）熟悉文化学、社会学、心理学等的相关知识，了解文化和文化学习的本质，掌握跨文化交际的普遍规律。

3. 行为层面

以上提出的态度和知识上的目标只有转换成行为技能才具有实际意义，如果只停留在认知和情感层面上，顶多只达到了扩大知识面和转变了态度的目的，跨文化交际能力的全面提高仍然是一句空话。当然，态度和知识是技能形成的基础，只要我们在教学中创造适当的环境，设计有针对性的活动，就能帮助学习者将态度和知识应用到跨文化交际的实践中去，从而使他们在行为上满足跨文化交际的需要。除此之外，行为层面还包括对付跨文化交际中常常会经历的紧张、焦虑、不确定等心理问题的能力。概括起来，能力层面的主要内容有：

（1）坦然面对模糊、不确定的交际环境，善于调整心态，勇敢面对文化冲突或跨文化交际可能带来的紧张和痛苦；

（2）愿意并能够站在对方的角度去理解和处理问题；

（3）具有很强的灵活性和适应能力，能够根据各种不同的交际风格和来自各种不同文化群体的人们的需要，调整自己的言语行为；

（4）具有很强的文化敏感性，善于观察和比较文化现象；

（5）经常反思本民族文化，反思自己的跨文化交际行为；

（6）善于学习新的文化知识、应对新的跨文化交际环境的能力。

以上三个层面，构成跨文化交际能力的主要内容。值得注意的是，这些态度、知识和行为上的表现虽然是被一一直线列举，但并不表示它们各自独立。实际上，它们相互渗透、相辅相成，在跨文化交际过程中同时作用，缺一不可。因此，跨文化教育与培训必须既培养态度和意识，又传授知识，还提高技能，三管齐下，才能实现提高跨文化交际能力的目标。

二、从交际能力到跨文化交际能力

跨文化交际能力的培养是一个宏伟的目标，仅靠短期的跨文化培训是很难实现的。从其涉及的领域来看，跨文化交际学、文化学、社会学、心理学、语言学和外语教学都应该承担起培养学生跨文化交际能力的重任，其中外语教学的作用尤其突出。

跨文化交际能力这个概念在语言教学者和跨文化交际学家之间架起了一座桥梁，一方面语言教学者一直在探寻最大限度地挖掘外语教学的潜力，满足社会发展需要的途径；另一方面跨文化交际学家顺应时代发展潮流，开发培养跨文化交际能力的渠道。两者虽然属于不同学科，有着不同的研究内容和方法，培养跨文化交际能力的目标却是共同的。那么外语教学的跨文化交际能力培养目标又是从何而来的呢？回答这个问题得从交际能力（communicative competence）的概念和理论入手。

（一）交际能力

交际能力这个词在很多社会学科的研究中都时有出现，而在语言学、社会语言学和外语教学中有着非同寻常的意义。直到 20 世纪 60 年代，语言学研究都是一个相对封闭的、独立的科学，即所谓的语言学自治研究（autonomy of linguistics）。Chomsky（1965）对“理想的说话人”在“完全同类的言语群体”中的言语行为进行分析所得出的语言理论一度主宰着语言学界。随着文化学和哲学等学科对语言和文化关系研究的深入，语言学界出现了一个社会语言学的分支学科，社会语言学家开始对不考虑何时、何地、被谁、对谁、在何种社会情景中、以何种方式，只分析能（或不能）说什么的语言描述方法提出质疑。Hymes（1966）更是直接抨击 Chomsky 关于语言能力（1inguistic competence）和语言使用能力（linguistic performance）的理论，他指出语言学家要弄清第一语言习得过程不仅要观察小孩如何提高语法能力，而且要注意他们如何恰当使用语言的能力，社会语言能力是他的研究重点，并由此提出了交际能力作为语言分析和描述基础的思想。这一思想应用到外语教学中，促成了交际法的形成。

与 Chomsky 的理想、抽象的人和环境不同，交际能力是指有着具体社会和文化身份的说话者同某一客观存在的言语群体进行有效、恰当交流所必须了解和掌握的一切知识和技能。对这种能力进行分析显然必须跳出纯语言学的圈子，进行跨学科研究。

语言学的这一突破和社会语言学的兴起使很多外语教学工作者对交际能力理论对外语教学的启示产生了极大的兴趣，虽然由于研究者的视角、重点和所处环境不同，对交际能力的定义各不相同，但是，综合他们的研究成果我们就能深入、全面地理解交际能力的概念以及它对于外语教学的意义。在众多关于交际能力的研究成果中，最具代表性和影响力的是美国的 Canale & Swain（1980）和欧洲的 van Ek（1986）。

Canale 和 Swain 将交际能力细分为语言能力、社会语言能力、篇章能力和交际策略。这一概括被外语教学研究者和教师广泛接受，成为交际法外语教学的主要理论来源之一。但是 Stern（1983）等认为这一解释虽然包括社会与语言使用关系的层面，但忽视了文化要素对语言使用的影响。相比较而言，van Ek 的交际能力（communicative ability）模式更加全面合理一些。他在强调外语教学对于学习者综合素质提高的重要作用的基础上，提出了“一个全面的外语教学目标框架”（a framework for comprehensive foreign language learning objectives）（1986）。针对学习者的个人综合素质，他提出了培养独立自主的思想和社会责任感（the promotion of autonomy 和 the development of social responsibility）的目标，他认为外语交际能力应该包括：

（1）语言能力：能够根据所学语言的规范理解和表达意义的能力；

（2）社会语言能力：能够理解语言使用受社会环境因素影响，并能够根据社会环境调整自己的语言行为的能力；

（3）篇章能力：在理解和创造篇章时能够使用一些恰当的策略，如语意连贯和语篇粘连的手段；

（4）交际策略：在交际遇到困难时能够采用一些补救措施去说明自己的思想或弄清对方要表达的意思；

（5）社会文化能力：每种语言都是以其独特的社会文化为语境，外语学习者应该了解目的文化，才能更好地使用所学语言；

（6）社会能力：外语学习者愿意而且能够在与他人交往时，态度积极、大方自信，善于解决一些社会问题。

前面四项能力与 Canale 和 Swain 的交际能力完全吻合，所不同的是他增加了一个文化能力和一个社会能力层面。乍看上去，这两项与前面四项关于语言交际能力的目标格格不入，似乎远离了外语教学的主题，但实际上这两个目标的确定正是研究者进一步理解外语教学本质和潜力的结果。

外语教学从注重阅读能力到口语能力再到交际能力的历史告诉我们，它是一个社会现象，受社会发展和世界政治经济形势的影响，同时又通过满足学习者的业务和个人发展需要来服务于社会。当前文化交流日益频繁，国际合作广泛深入，外语教学的内容和目标也应随之改变。了解外国文化，提高跨文化交际能力，增强综合素质是新时代对每个年轻人的要求。而外语教学是一个丰富多彩的、涉及个人和社会各个层面的活动，具有极大的教育潜力，语言和文化的密切关系决定了跨文化交际能力和外语交际能力可以，而且也应该结合起来，成为外语教学的一个有机结合体。令人欣慰的是有不少研究者已经意识到这种变化和需求，并已着手对外语教学进行更加深入的研究。

（二）从 native speakers 到 intercultural speakers

虽然交际能力作为外语教学的目标早已深入人心，但是关于交际能力的内容和标准的讨论一直在持续着。Byram（1997）在肯定 van Ek 提出的外语教学目标框架，尤其是关于文化和社会能力目标的同时，对他在交际能力阐述中所隐含的以 native speakers 的言语行为作为目标和楷模的观点提出了质疑。Kramsch（1998a）也专门撰文“The privilege of the intercultural speaker”，反对继续用“native speakers”的语言和社会文化标准来评判外语学习者的语言水平。她认为外语学习者有权为了自己的目的去使用外语。如果只有 native speakers 的语言和交际行为才是正确的话，那么学习者在跨文化交际中就处于一个弱者的、从属的地位，这是不公平的。用“native speakers”作为外语教学的目标至少有三大谬误。

第一，“native speakers”的定义模糊，不适合作为教学目标。由于近年来的经济发展和人口流动使得语言状况变得越来越复杂，对“native speakers”的理解分歧越来越大。尤其是对英语作为国际通用语教学而言，“English native speakers”的定义几乎是不可能的。首先，除了美国、英国、澳大利亚、新西兰等英语是唯一的官方语言的国家之外，还有很多国家和地区以英语作为第二语言，如印度、新加坡，再加上全球其他地区将英语作为外语进行学习和使用的人口，英语使用者的数量之大、分布之广令人惊讶。其次，每个语言群体内部由于年龄、职业、教育背景、社会地位、所处地理环境等的不同，存在着很多的方言和语体。虽然，外语教学通常瞄准的都是操该语言的主流文化群体，但是对主流文化的定义和描述也是一大难题。最后，鉴于英语在世界政治、经济、教育、外交等活动中所起的重要作用，它已逐渐脱离了传统的地理环境和母语群体的联系，成为来自世界各个国家和地区、持有不同母语的人们相互交流的中介语，即国际通用语。这一切使得“native speakers”成为一个抽象、空洞的概念。第二，要求学习者达到同“native speakers”一样的语言水平，实际上忽视了学习者与“native speakers”在不同条件下学习或习得这门语言的事实。“native speakers”的语言水平对于外语学习者来说是一个永远不可能实现的目标，而“native speakers”经过个人社会化过程长期积累发展的社会语言能力和文化能力更是外来人员不可能达到的。native speakers 和 non–native speakers 之间不可逾越的鸿沟主要是由母语和本族文化的根深蒂固性和它们在外语和外国文化学习过程中的迁移而导致的。因此，“native speakers”模式不是一个切实可行的教育目标。第三，即使“native speakers”的目标可以实现，这种能力也不是当前外语教学所需要的。因为，要达到“native speakers”的语言水平，被他们的文化同化，势必意味着要背离自己的本族文化，这一被同化的过程对于外语学习者来说是非常痛苦的，而且也是完全没有必要的，因为外语学习和外国文化学习的目的不是被目的语言和文化同化，而是通过这门语言和这个文化的学习，增强语言意识和文化意识，掌握跨文化交际的技能，培养对不同文化的开放、宽容、移情的态度。这就是 Byram 和 Kramsch 主张用“intercultural speakers”来取代“native speakers”作为外语教学目标的原因。

跨文化的人的特点是“在一定的社会环境中能够灵活选用准确、恰当的形式，而不只是根据某一个社会群体的学术规范和社交礼节去说和写”。他或她能够周转于几种语言或语体之中，灵活调整自己的言语行为，避免跨文化误解。具体来说，一个跨文化的人应该能够做到以下四点：

（1）能够辨别出两个群体关系中的冲突区域；

（2）能够解释冲突的行为和信念；

（3）能够解决冲突或对不能解决的冲突进行协商；

（4）能够评价一个解释系统的质量，并根据一个具有某个具体文化背景的说话人的信息，自己建构一个有效的解释系统。

总而言之，一个跨文化的人了解多种文化知识，具有一种或多种文化身份，即使在面对自己从未直接接触和了解的文化群体时，也能够友好相处，有效交流。培养这样的具有跨文化交际能力的人才是新时代外语教学的目标。

（三）交际能力与跨文化交际能力

要实现“an intercultural speakers”的目标，必须在外语教学中进行跨文化交际能力的培养。比较跨文化交际能力和外语交际能力的内容，它们的区别一目了然。外语交际能力只是针对目的语言系统及其的使用，要求学习者掌握所学外语的知识体系和应用规范，目的是与该语言群体的人们有效交流，具备外语交际能力的学习者充其量只是一个双语和双重文化的人。跨文化交际能力则要求学习者超越本族语和目的语及其相应的具体文化的束缚，了解各种不同思维方式和生活方式，开拓视野，培养灵活的、适合于多种社会文化环境的交际能力。外语交际能力是跨文化交际能力的重要组成部分，但它只是达到跨文化交际能力最终目标的初级阶段。跨文化交际学家把传统外语教学所追求的交际能力等同于他们的具体文化学习阶段，他们认为只有超越这一初级阶段，在此基础上继续努力，进行普遍的文化探索，掌握跨文化交际的普遍规律，尝试与多种不同文化群体进行交流，才可能实现跨文化交际能力的培养目标，最大限度地实现外语教学的潜力，满足社会发展的需要。外语教学以跨文化交际能力为最终目标并不意味着外语教学必须独自承担实现这一宏伟目标的任务。从前面关于跨文化交际能力和交际能力的分析来看，跨文化交际能力的很多内容与外语教学密切相关，可以而且必须在外语教学中得以培养和发展，然而也有一些层面与外语教学有关，但与语言能力相互独立，如非语言交际行为，尤其是像时间、空间、距离等文化差异，就不一定非得与语言同时学习。何况，在外语教学的环境中，语言教学永远是中心任务，这是跨文化外语教学必须始终坚持的原则。

跨文化交际能力和外语交际能力分别是跨文化交际学和外语教学研究提出和发展的概念，它们虽然源自不同的学科，有着不同的内涵，但是稍加分析，我们不难看出两者之间有着密切的联系，这一联系不仅体现在两个概念本身，滋生和培育它们的学科也由于时代发展和国际形势的需要而悄然融合。本章讨论得出的如下结论即可说明这一点。

（1）跨文化交际能力是外语交际能力的延伸和发展。如果说外语交际能力是指外语学习者与目的语群体有效交际的能力，那么跨文化交际能力就是超越具体语言和文化群体，根据不同语境灵活多变，应对自如的能力，它体现在情感、认知和行为三个层面。

（2）外语交际能力的培养是跨文化交际能力培养的基础，掌握一门通用的外语不仅为跨文化交际扫清了语言障碍，而且通过学习、接触、经历目的语群体的文化，对跨文化交际有了一定的了解和体会，为更深一步的跨文化学习奠定了基础。

（3）不利用外语教学的优势，跨文化培训在很大程度上只能是纸上谈兵，因为直接的跨文化体验需要一定的外语基础，经历过外语学习的人们接受跨文化培训具有很大的优势。反过来，外语教学若不将跨文化交际能力作为目标，就不能发挥其教育潜力，也不可能培养时代发展需要的人才。所以，外语教学和跨文化培训应该有机结合。

（4）语言、文化以及交际之间相互作用和密不可分的关系将跨文化交际研究和外语教学研究两门学科紧密联系起来。来自这两个学科的研究者不仅可以借鉴彼此的研究成果，而且可以，也应该开展广泛的合作。

三、跨文化交际能力培养的局限性

培养跨文化交际能力是外语教学的目标已是毋庸置疑的。可是，在我们的实践教学工作中，还存在着一系列无法回避的问题。

首先由于其广泛性，英语已经成为一种世界性的语言，因此在学习过程中过度地强调西方国家的文化，那么学习者最终获得的只是英语世界中特定文化体系的交际能力，而不是他们中许多人认为的放之四海而皆准的跨文化交际能力。在跨文化交际中，使用其中一方的母语为交际媒介，并不意味着双方所有的言语行为都要符合那一方文化的语用适当性。跨文化交际的言语行为适当性不能完全依据使用什么语言来决定，比如，到中国来的美国商人虽然在用英语与中国人交往，却不可坚持其美国文化的语用规约，至少应当在一定程度上顺应中国文化环境的交际适当性，跨文化交际应该是承认差异并容许差异共存的，其中也自然包括交际双方在语言运用上的差异，如果拿交际一方的文化做标准去消除差异，使双方达到语用上的统一，最终很有可能解除交际的跨文化性质。这样做可以降低相互交往的难度，但是会限制跨文化交际中双方实现各自话语潜势的空间，跨文化交际的目的在于使交际双方能够充分发出属于自己文化的声音，又能够最大限度地相互接近和理解，以获得真正意义上的沟通。

其次，过多地强调对目的语文化的学习，许多学习者往往忽视了对自己本族语文化的了解和认识，在完全舍弃自己母语文化的同时，换来的是对西方历史文化的了如指掌，甚至一部分外语学习者只是盲目地接受目的语文化的生活方式和世界观，改变其文化认同，这样的想法和做法是不可取的。跨文化交际能力包括认知、情感、行为等诸方面的适应能力，具备了这些能力的交际者，能够在跨文化交际中根据实际情况临时搁置或修改自己原有的文化习惯，去学习和顺应与之不同的文化习惯，并能创造性地处理交际双方之间的文化差异。因此跨文化交际能力并不仅仅是获得目的语文化知识和交际技能，深入了解目的语文化，更重要的是实现两种语言和文化价值系统之间的互动作用，目的语文化与母语文化的鉴赏能力相互促进，学习者自身的潜能得以充分发挥。对此，高一虹教授提出了跨文化能力中的文化超越问题，主要有以下几层含义：第一，意识到文化的差异或定型的存在，但不被其束缚；第二，能够以更开放、灵活、有效的方式进行跨文化交际；第三，在跨文化交际中生产性地建构自我认同。所谓生产性，源于人本主义心理学家弗洛姆的理论，在外语学习中用来指对母语与目的语的掌握，对于本族文化与目的文化的理解，以及两者之间的积极互动、相得益彰，对两种文化的认识也在质量和深度上达到新水平，促进了人的认知、情感、行为的成长。

最后，如何培养跨文化交际能力还需要外语研究者和学者不断地进行深入的研究和探索，现在的外语教学中，对跨文化交际能力的培养以及文化的教学很多都停留在文化知识层面，而其他两个层面则分析得较少，在这种教学模式中，教师以灌输的方式为主，启发性的教学方式几乎不存在。课堂教学中，学生一直处于一种被动接受的状态，与他们的切身体验缺乏联系。这种教学模式最明显的后果是学生缺乏文化知识的系统性。老师随意讲和学生泛泛听是因为没有一个循序渐进、条理清晰的教学模式，这根本无法满足外语教学中文化多元性和发展性的需求。

基于上述的若干局限性，高一虹教授指出，新的跨文化交际能力的培养模式应该有以下几个特点：第一，它以文化意识的培养为中心，有对文化多元性的意识和对差异的宽容态度，对异文化共情能力，以及对自身文化价值观念及行为方式的觉察和反省；这种文化意识能帮助学习者主动地获取深层次处理文化知识的能力，并在跨文化交际行为方面具有更多的灵活性和创造性。第二，关注态度和情感层面，也包括认知层面，特别是批判性的反思能力。第三，不限于目的语文化，而是通用与任何文化（包括本国文化中的亚文化）成员的人际交往。众所周知，跨文化交际能力的培养需要在外语教学中进行文化教学，文化包括以下三个方面：文化知识、情感态度以及举止行为。

四、跨文化交际能力的构成要素

跨文化交际是一个多学科交叉、跨越性很强的新兴学科，这种跨越性决定了跨文化交际能力的立体性。跨文化交际能力是20世纪90年代针对跨文化交际人才培养提出的一种能力范式，它强调交际者跨文化敏觉力、跨文化意识和处理文化差异的技巧性和灵活性。这三个部分不是孤立存在的，它们之间有着紧密的联系和层级关系，即跨文化敏感性处于最低层，处理文化差异灵活性处于最高层，跨文化意识则处于两者之间。换句话说，只有当交际者对各类文化差异萌生了敏锐的意识，才可能产生宽容的文化态度和交际的兴趣，面对不同的跨文化情景进行积极的自我调适，跨文化意识也渐次增强，进而采取灵活自如的处理方式，由此达到很高的跨文化交际效能，据此我们可以看出跨文化能力的培养是由低到高、循序渐进的过程。

（一）跨文化敏觉力

跨文化敏觉力是跨文化交际能力基本要素的第一个要素。有学者指出，跨文化敏觉力（intercultural sensitivity）代表跨文化沟通能力的情感面向，它代表一个人在某种特殊的情境或与不同文化的人们互动时情绪或情感的变化。跨文化沟通的情感面向特别指出，具有跨文化沟通能力的人，能够在互动之前、之中和之后，投射与接收正面的情感反应（positive emotional responses）。这种正面的情感反应，最终会把当事人带到认可与接受文化差异的境界。这个过程正是发展跨文化敏觉力的过程。贝内特（Bennett，1981）认为跨文化敏觉力是个发展的过程。一个人能够在认知、情感以及行为层次，把自己从我族中心（ethnocentric）的阶段转化到我族相对（ethno relative）的阶段。这个转化的过程包括六个阶段：①否认文化差异的存在。②对抗认知到的威胁以试着保护自己世界观的核心。③试图把差异藏匿在文化相似性的伞下，以保护自己的世界观。④开始接受文化与行为上的差异。⑤开始发展对文化差异的移情能力并成为双重或多重文化人。⑥能够把我族相对主义用到自己认同之上，而且体验到差异其实是人生很重要与值得愉悦的一部分。

文化差异的敏感性，不仅是对文化表层，更是强调对文化深层差异的识别能力。文化表层的差异显而易见，不需要特别的训练就可以识别，而文化深层的差异通常隐含在人们的行为和思想中，不易直接观察到。如西方人习惯的低情景交际和东方人采用的高情景交际是不易直观看到的，因此有意识地培养对文化深层差异的敏感性就显得尤为重要，这必须依赖对不同文化的比较及对文化差异相关知识和经验的积累。

跨文化敏觉力是一个内涵丰富的能力概念，它包含交际者的自信心、自适力、开明度、中立的态度以及社交的从容等相互联系的几个层面。

作为一个面对全新异文化的交际者，首先对自己的文化和自身素养要有很强的自信心，这种自信心使交际者在面临各种交际情景时采取乐观积极的态度，从而更易于接受他人和他文化，也较易于被对方交际者理解和接受。同时，自信心让交际者在跨文化交际中遇到挫折、误解或疏离时，能够相对自如地应对这些交际逆境，更快走出交际困境。

跨文化交际的开明度意味着交际者要有多元文化心态，对异质文化应采取宽容理解并尽量去接纳的态度，而不是以自我文化为中心，以自己的文化价值观去衡量和评价对方交际者的言行。同时，开明度还包含交际者愿意适当解释对方不易理解和接受的自己的语言和行为，也乐于倾听对方在交际过程中的解释。其实，跨文化交际的开明度即是阿德勒在1977年提出的“多重文化人”。多重文化人能够接受不同于他们自己的生活形态，更能在心理和社交方面掌握住实体的多重性（multiplicity of realties）。换言之，跨文化敏觉力强的人，不仅能够了解一个观念，可以用多种不同的形式来加以表达，并且对世界具有一个内化与广阔的概念。这些都是开放心灵的表征，促使一个人愿意认可（recognize）、感激（appreciate），甚至接受（accept）不同的观点。这种处处为他人设想与承受别人需求的特性，在跨文化交流中，就是相互确认（mutual validation）与认可彼此文化认同的发挥。

自适力是指在跨文化交际中，交际者根据交际情景和交际时间不断地进行自我调节适应并进行有效交际的能力。研究表明，自适力强的交际者对周遭的环境和对方交际者的行动更敏感，能够迅速捕捉到交际中的可用信息以及交际中适时的变化并调整自己的言行，以尽可能完成交际任务，达到交际目标。

中立的态度主要指交际者在真诚倾听对方交际者的言语时，能够主动摆脱自己文化带来的思维定式，积极倾听对方的语言和意识，理解对方语言中的文化密码和交际意图。在对话过程中，尽量采用描述性而非评价性和判断性语言和态度，不以自己的文化价值为标准和依据去评论别人的行为，否则会产生文化偏见而导致民族中心主义。在倾听过程中，尽量不打断对方，必要时以点头或者眼神等身体语言与对话者示意，最后让对方感到心理愉悦和满足。

社交的从容是指在跨文化交际中不显露焦虑情绪的能力。在跨文化交际中，难免会遇到各种各样的交际困境和交际压力，交际者应具有良好的心理素质，不慌乱、不焦躁，能够摆脱交际困境带来的各种焦虑症状，如流汗、颤抖以及言语不畅等，以比较泰然的心态面对各种交际难题。交际的从容也有利于交际者利用以往的交际经验和生活经验，在困境中发挥潜力而急中生智，战胜交际障碍，达成交际共融。

跨文化敏觉力较强的人在与来自不同文化背景的人交流时能更快地适应陌生环境，更有自信心，更能够以客观的态度看待文化冲突，并认真专注地倾听交际对象的交际意图，从而更快速地调整自己去处理交际中出现的挫折，更从容地应对跨文化交际过程中出现的各种障碍，确保交际的顺利进行。

（二）跨文化认知能力

国内知名学者戴晓东在其论著《跨文化交际理论》中，把跨文化交际的第二个层面概括为认知过程，即跨文化意识。他认为跨文化能力的认知过程主要涵盖自我意识和文化意识两个方面。自我意识是指交际者自我监控或对自己作为特定文化成员即文化身份的感悟，文化意识是指对影响人如何思考与交际的文化规约的理解。所谓“跨文化意识”，是指对不同民族国家之间的文化现象、文化规约和文化模式等的洞察和理解，对文化之间关系的领悟，并根据所领悟的对方文化特点来调整自己的语言和思维，以及据此产生的跨文化自觉性。跨文化意识的基础和前提是跨语言能力，而跨文化意识是跨语言能力的深度体现和非言语呈现。交际者跨文化意识的形成意味着交际者完成从单一文化认同身份到多重文化认同身份的转变，交际者站在第三文化的高度观望世界的各种文化，这样才能在千变万化的文化现象和文化语境中应对自如而立于不败之地。

跨文化交际中的认知能力主要涵盖两个方面的内容，即语言能力和文化能力。其使用的另外一种表述是言语交际能力和非言语交际能力。这是因为在跨文化交际中，运用的交际方式包括言语和非言语两种，其中言语交际正是语言能力的体现，非言语交际能力的高低则建立在交际者对双方文化背景的深刻洞察和理解上，非言语交际中的体态语、环境语、客体语以及副语言等无不包含着丰富的文化信息，交际者只有具备良好的跨文化背景知识，才能很好地处理这些非言语信息，从而进行有效交际。另外，言语交际中的盲区和误解常常存在，这些正是不同文化背景和文化内部系统迥异所致，非言语交际恰好弥补了言语交际的这种有限性和不足，两者相辅相成，使跨文化交际得以顺利进行，最后达到双方需要的交际效能。

（三）跨文化行为能力

跨文化交际能力的第三个基本要素是跨文化行为能力，即跨文化交际的灵巧性，是强调交际者进行有效交际的技巧和能力。根据戴晓东的论述，跨文化交际的灵巧性是指交际者实施交际行为、完成交际目标的能力。跨文化交际的灵巧性涉及言语和非言语信息，它包括信息的传达、自我表露、行为的灵活性、互动的管理以及社交技巧等方面。交际灵巧性是交际能力的一种体现，它反映出交际者怎样调动有限的语言知识进行交际的水平。在跨文化交际中，如果交际者能够灵活有效地运用交际技巧，就会克服语言水平和文化水平的限制，从而达到交际目的。

传递信息的技巧是指交际者根据自己掌握的语言和文化知识，运用合适的交际策略和技巧，熟练地传达交际对方可理解的信息的能力。它要求交际者不仅具有熟练的语言功底和深厚的双文化底蕴，还要求在以往的交际经验中练就良好的信息传达技巧，这样才能尽量避免产生由信息误读和文化误解而导致的交际障碍，保证交际的顺利进行。信息传递的效率与自我表露技巧的高低有着紧密的关系。自我表露就是交际者在面对交际对象时，以恰当的方式向对方坦露自我心意和自我情态。这种表露在特殊的跨文化交际场合流露和表达出来，具有很强的导向性，而非普通好友或亲人之间的随意表露，因此要谨慎表露、恰当示意，表露方式要贴切自然、不做作，要考虑到对方的文化背景和语言水平，否则容易引起对方交际者的漠视或反感，甚至形成对交际者不利的刻板印象。同时，自我表露和信息传达的准确与否直接影响着交际的有效性。得体的自我表露和准确恰当的信息传达也体现了交际者行为的灵活性。

交际行为的灵活性体现了交际者在各种交际场合中根据交际对象和交际时间不同而随机应变应对交际事务的能力，也体现了交际者交际策略选择的准确与迅速，同时交际灵活性也是交际敏觉力在行动上的体现和延展。有学者指出，优秀的交际者能够运用灵活的言语提示，敏锐地捕捉对方的身份，并且适时做出调整，较快与对话者建立起良好的互动关系。

互动的管理是指交际者在交际中对互动局面的把握和控制，即在交际过程中，交际者适当控制交际节奏、说话顺序和交谈主题，适时地启动和结束对话。具有良好互动管理能力的交际者，能够调动交际场景中的各个交际对象，把握好会话结构，根据自己和其他交际者的交际需求粗略设计和转换会话主题，不轻易打断别人，并认真倾听，最后实现交际者的交际意图，达到交际目的。

社交技巧包含移情和身份的维护两个层面。“移情”（empathy）作为美学概念，是德国学者罗伯特·费肖尔 1873 年在《视觉形象感》中首先提出的。日本语言学家库诺第一个把移情从美学领域借用到语言学领域，随后，移情这一概念逐渐被用到跨文化交际学领域。跨文化交际中的移情是指交际主体自觉地转换文化立场，在交际中有意识地超越本土文化的俗套和思维模式，摆脱自身文化带来的束缚，转换身份到另一种文化模式中，切身感悟和理解另一种文化。移情在跨文化交际中是连接交际者之间的情感和文化的桥梁，是进行有效沟通的重要能力。据陈国明（2009）所言，移情就是把自己投射到对方的位置，暂时想对方所想、感对方所感的过程，它把我们带入了别人的心灵世界。跨文化交际中的移情主要表现在两个方面，一方面是指听话人从说话人的角度准确领会话语的交际意图；另一方面是指交际双方要设身处地地尊重对方的文化背景、风俗习惯和价值取向。整个过程包括：承认差异—认识自我—调适自我—准备移情—体验对方，进而克服民族中心主义，增强对别人的需求和跨文化敏觉力。文化移情要求交际者与时俱进地不断学习并具有开明的文化价值观。文化移情能力决定了交际者能否摆脱自身文化积淀所形成的思维定式的影响，从而自觉地避免因文化取向、价值观念、宗教信仰、伦理规范、思维方式、生活方式等差异引起的文化冲突，保证跨文化交际的顺利进行。在跨文化交际中，移情是为了有效沟通，但在移情的同时，也不能忘了对身份的维护。身份的维护应该包括对交际者个人和民族身份的维护以及对交际中他者身份的维护。交际行为的灵活性不能离开身份的维护，没有尊严的交际不是平等的交际，也不是我们追求的理想交际状态。因此，在交际中，优秀的跨文化交际者既能够根据对方传达的信息快速有效地判断对方的身份，并对之进行有效维护，又能够准确定位自己在交际场景中的身份和代表的民族身份，以维护它为交际的原则之一。

第二节　大学英语教学中跨文化交际能力的培养

近年来，跨文化教育已成为我国外语界研究的热门课题。20 世纪 90 年代后期，我国外语界基本达成了一种共识，即语言教学中必须要进行跨文化教育。不少高校的大学英语教学已经开始关注跨文化教育在英语教学中的作用。很多大学都开设了跨文化交际学课程，受到了学生和社会的关注，产生了积极的影响。

目前一些高等院校的英语教学已经开始关注跨文化教育在英语教学中的作用。如通过教学内容的背景知识介绍，提供大量相关的阅读材料，以扩大学生的知识面，让学生从多角度接触英语语言国家的文化，感受与语言文化相关的现象、文化、习俗等。但这也只是注重目的语的文化，而对自身文化关注相当匮乏。目前，中国和国际外语教学的主流研究还只是停留在文化差异和语言差异的分析上。很少考虑其中的文化权势问题，而这正是被国际交流中越来越多的人所重视的。任何一种跨国界、跨文化交流都是发生在双方（尤其是心理）平等的基础上，如果无视自身的文化传统、自身的民俗民风以及习惯等，而强化对方的文化与习俗，这样便不利于语言对比与文化对比研究，也不利于文化交流平等意识的树立，更不利于交流目的的实现。只有在对本国文化有充分认知的基础上，并不断深化对优秀传统文化的理解，提高修养，才能去了解他国的文化，从中对比，吸收优秀文化，从而进一步拓展自己的跨文化心理空间。因此，英语教育教学既要重视目的语文化，也要重视本国文化，只有这样才能将双向跨文化交流传播获取知识过程的功效发挥最大。外语教学实践证明，将语言与文化结合得越紧密，对目的语文化的理解就越深刻，运用目的语语言进行交流、沟通的能力就越强。学生通过对语言及语言文化相关知识的学习，可以认识到丰富多彩的世界文化，获得更多的知识，从而形成一种开放、平等、宽容、尊重的跨文化心态，对异国文化采取尊重和包容的态度，从而在交流中从容运用。因此，大学英语教师在教育教学中必须具备跨文化教育的基本素质，加强跨文化教育的研究与实践。在英语教学过程中，要通过多种方式引导学生关注、学习、思考相关文化的差异，并乐于接受和善于理解文化的多样性。帮助学生跨越中外文化差异，消除中外文化歧见，树立对世界各民族文化的正确态度，尊重不同文化。这不仅要探讨如何正确面对外来文化，更重要的是如何吸取、借鉴外来文化。通过学习、交流不但要让中国人民了解世界文化，也要让世界人民了解中国灿烂、悠久的文化。

根据我们前面对跨文化交际能力基本要素的区别和分析，可以看出跨文化交际能力的培养分为三个层面。第一个层面是在接触和了解他国语言和文化时，不断加强交际者的语言功夫，丰富其文化积累，克服交际过程中易出现的两大障碍，培养交际者的文化敏感性，以提高跨文化交际敏觉力。第二个层面强调对语言和文化的深层认知，增强对他国语言以及背后的隐性文化和价值观的理解，如西方文化价值观中的个性自由和独立竞争等，这些方面的理解和感悟有助于交际者在交际中策略的选择，针对对方文化的异质性以及个人特性，做到有的放矢。第三个层面是培养交际者灵活运用所学语言、文化知识应对和处理跨文化交际中出现的各种交际情景以及突发事件等，这是跨文化交际能力培养的最高层面和最终目标。要达到这一目标，必须培养交际者学以致用的能力，培养他们根据过去对外国相关文化的认知，积极参与跨文化交际实践，锻炼他们处理文化冲突的灵活性。由此可见，从跨文化敏觉力的培养到对语言和文化的深层认知再到跨文化交际实践行为的训练，这三个层面既有一定的递进关系，又相互融会贯通、相辅相成。

一、培养跨文化敏觉力

（一）跨文化敏觉力培养的障碍

关于交际者跨文化敏觉力的培养，首先要做的就是克服两大障碍。因为在跨文化交际的初期总是存在一些交际障碍。

1. 刻板印象

跨文化交际中的主要障碍之一是刻板印象。这些印象和看法可能是正面的，也可能是负面的。尽管大家都知道刻板印象不可取，但要做到完全避免不容易。刻板印象忽视个体区别，一旦形成便不易改变。它僵化了交际者的头脑，使得交际者不能客观地对待另一种文化，失去了交际应有的敏觉力。在观察他国文化时只注意与自己的刻板印象相符合的现象，而忽略其他更重要的差异信息。它妨碍交际者与不同文化背景的人相处，不利于顺利开展跨文化交际。因此，必须尽量克服由于刻板印象带来的负能量。对于教师来说，在文化课上应尽量避免用带有刻板印象的话语，并提醒学生注意普遍文化概念下的个性差别。因为在跨文化交际中交际者首先面对的是交际个体，然后才是其背后的民族文化。不能因为对整个民族的刻板印象而影响了交际者对具体交际对象的判断和决策。

2. 民族中心主义

跨文化交际中的障碍之二是民族中心主义，即习惯以自己民族的价值观衡量其他文化，从自己的文化角度出发，以自己的评判标准评价对方交际者。一旦发现与自己的预期不同，就会对对方产生敌对情绪而引起文化冲突。有学者认为，所谓民族中心主义就是按照本族文化的观念和标准去理解和衡量他族文化中的一切，包括人们的行为举止、交际方式、社会习俗、管理模式以及价值观念等。

社会中的每个人都无法避开民族中心主义，尽管我们努力克服隐藏在内心深处的民族中心主义，但是，我们都成长在一定的文化环境中，文化早已融进我们的心灵，指导着我们的行动，造成人们在观察别种文化时会不自觉地以自己的是非标准为依据，对于异质文化事物常会做出有失客观的判断。胡文仲认为，各个国家的地图都是把本国放在中心。美国人看中国出版的世界地图会感到生疏，因为他们习惯看到的是把美国放在中心的地图。我们看美国的世界地图也觉得奇怪，因为突然发现中国在地图的一侧。这都是把自己国家作为中心的最好证明。在历史课上，往往也是这种情形。谈到对世界文明的贡献，一般总是突出自己国家的成就，而对于其他国家的成就估计不足。这些正是民族中心主义在作祟，要完全摆脱我们在社会化过程中获得的观念和看法是一个长期艰巨的任务，也是培养跨文化交际敏觉力的重要方向。

（二）跨文化敏觉力培养障碍的解决策略

1. 采用文化对比教学法

文化对比教学法是课堂上克服刻板印象和民族中心主义的主要手段，通过对比了解自己和他者各自的特性。文化对比教学法的实施要求交际者摆脱自身文化的约束，避免简单化的思维定式，将自己置于他族文化模式中，在理性、平等的立场中感受、领悟和理解另一种文化。当然，对比教学法首先要求教师理解他国文化并选取典型文本解释其中的文化元素，帮助学生更充分地理解文本的语言信息和渗透其中的非语言信息，并与自己本土文化中的相应文化元素进行对照讲解，引导学生在解读过程中有意识地去寻找文化差异。比如教师讲解关于狗的文本资料时，由于狗在中西方文化中所代表的意义相差很大，如果不明白这一文化密码，交际中很容易产生误会。教师可以举例子：一个英国人对自己才接触不久的中国朋友说“you are a lucky dog”。中国朋友很可能会认为这位英国人在侮辱他。因为“狗”在汉语里是一种卑微的动物，狗的贬义形象在中国人心中已生根，人们常常用狗来形容不好的事物，如“狼心狗肺”等。但是在英国，狗却有很高的地位，英国人认为狗是人类忠实的朋友。英国人常常用狗来比喻人，如 Every dog has his day（人人皆有得意日），You are a lucky dog（你是一个幸运狗）等，这样的教学既形象又生动，还能增强学生的跨文化敏觉力。

2. 加强交际参与度

交际参与度是跨文化敏感度的最佳指示变量，意味着要想通过跨文化敏感度来提高跨文化交际能力，最有效的方法是加强交际参与度，从而对跨文化交际能力产生影响。因此，除了课堂上的对比教学法以外，教师还要鼓励学生积极参与具体的跨文化交际训练和实践，并努力为他们创造跨文化交际的机会，这是培养他们克服刻板印象和民族中心主义的最好途径。因为在具体的训练和实践中，他们能真切地感受到文化的多样性和同一文化不同个体的差异，逐渐形成多元文化观和开明的交际态度，从而尽量主动克服因刻板印象和民族中心主义而导致的交际障碍，形成良好的跨文化敏觉力。比如可以设计多个与中国人的思想和性格迥异的文化模式，由不同的人扮演，让他们分别与中国人交往。从这个活动中，受训者会体会到自身文化的某些特点和他国文化的一些特性，从而提高自己的文化敏觉力。在条件允许的情况下，带领学生或鼓励他们多参加各种小型国际会议、国际论坛以及跨文化聚会是一种更为直接的训练和培养他们跨文化敏觉力的高效方式。一个西班牙的女学生，来中国留学以前是空姐，来中国几个月后她说她好几个朋友也准备来中国学习了。在她没来中国学习以前，她和她的朋友们都以为中国还没有通电，没有电话、电视机，甚至住的还是古旧的土房子，更别说电脑这样的高科技了，所以他们觉得来了会非常不方便。这些都是由于刻板印象造成的，阻碍了他们来中国学习和交流，但是由于那位西班牙空姐学生亲身体验了中国的现代化以及中国文化带来的乐趣，所以扭转了她和朋友们对中国的刻板印象。

综上所述，无论是为了克服刻板印象和民族中心主义带来的两大交际障碍，还是旨在培养交际者对语言背后文化的解读和参悟，形成较强的跨文化交际敏觉力，都需要课堂上教师有意识地进行文化对比教学和其他形式的文化拓展讲解，更需要尽量给学生创造跨文化交际训练和实践的机会，这样才能让他们树立良好的自信心，能够在具体的交际情境中调适自我，从容地应对交际中出现的各种复杂状况，最后顺利实现交际目标。

二、培养跨文化认知能力

跨文化认知是指交际者对他国具有独特风格和内涵的文化要素及文化特质等方面的认识和了解，其本质就是学习与把握异国文化。文化认知过程随年龄的增长会不断变化。培养跨文化认知能力不但包括培养交际者跨语言交际能力，还包括培养交际者的跨文化交际能力。

（一）跨文化交际语言能力培养

语言交际与文化交际是不可分割的，语言交际是文化交际的一部分，它为文化交际服务并反映着文化交际。跨语言功夫和跨文化功夫也是相辅相成的。跨语言功夫除了包括对目的国语言的巧妙选择和熟练运用外，更重要的是对语言背后文化的解读和参悟，也就是在语言教学中渗透文化分析，培养学生逐渐深谙他国语言背后与自身语言不同的文化密码，以利于交际语言的选择和交际的顺畅。培养跨文化认知能力首先要加强交际者的语言功夫，在教学中要使语言教学与文化教学齐头并进，在输入语言基础知识的同时，也不忘相关文化知识的输入，从而加强学生对文化差异的熟识、理解和评判，以提高学生对文化差异的敏感性和跨文化意识。语言功夫主要体现在用词、句子陈述与主题选择的适当性上。

1. 词汇层面

在跨文化交际语言能力的培养上，首先应该重视的是词汇层面。词汇是语言的基石，也是很多学生学习语言的难点。每种语言的词汇中都蕴含着丰富的文化信息，是该语言中最活跃的成分，也是文化最精密的汇聚点。词汇本身的新陈代谢映射了相关文化的发展信息。因此，教师在单词讲授的过程中，穿插一些跨文化交际知识，既有利于培养学生的跨文化交际意识，又能让枯燥的词汇学习变得生动有趣。讲解词汇时将相关的谚语、典故、名句等融入课堂就不失为一种有效的方法。比如在高级班汉语课上讨论“朋友”主题时，可以引入“有福同享，有难同当” “患难之中见真情”以及“在家靠父母，出门靠朋友”等中国著名的谚语和名句，也可以顺势讲解《三国演义》中桃园三结义的故事。这些谚语、名句和历史典故反映了中国“义”文化，既能够增加学生对汉语的兴趣，又可以延伸词汇后面的文化知识，同时也能够促进留学生反观自己文化中“朋友”的含义及其与汉语的差异，这样的词汇教学自然会提高学生的跨文化意识。

2. 句子陈述

除了词汇教学以外，句子陈述的跨文化培养也很值得重视，老师在课堂上讲解句子的时候，不但要讲解此种句子的语体风格适合在什么场合下使用，还要分析这种句子适合用在什么身份的交际对象上。句子的语气也是举足轻重的，比如请求语气的句子适合于与长辈说话或者请教别人帮忙时，而命令语气的句子则是用在命令下属或者孩子，如果没有掌握两种句子的区别而把语气用反了，在跨文化交际中很容易引起不必要的文化冲突。

另外，句子通顺与否、语法是否正确等也是教学中需要注意和训练的部分。在语法学习中领悟他国文化，要注意比较外语语法与汉语语法的异同点，不要受汉语思维特点的制约；同时，在学习语法结构时，要强调其文化和交际功能。如“Lovely day，isn’t it？”只是英美人发起话题的常见语句，实无疑问。 “Would you please turn off the light？”不表问而是表请求。西方人提出的请求常用问句，以示礼貌，但长辈对晚辈或熟人之间可用祈使句。

3. 主题选择

谈话中主题选择的适当性同样不容忽视，这也是对语言应用能力的一个综合性考验。在拥有了词汇层面和句子陈述等方面的跨文化交际基本能力后，交际中的谈话主题是否得当、是否符合交际双方共同的交际需求、是否能引起交际双方的共鸣、是否需要继续深入谈下去还是转换为更有价值的主题，这些都需要学习。教师应在教学中通过具体的教学情景的设置、相关教学视频的播放，适时训练、引导和鼓励学生在跨文化对话中对谈话主题进行恰当选择和适时转换。

（二）跨文化认知能力培养

培养跨文化认知能力除了要培养交际者的跨语言认知能力外，还要培养其跨文化认知能力，即跨文化意识。培养跨文化意识的第一步就是要让交际者从观念上消除偏见和歧视，认识到文化没有优劣之分，以平等的心态对待各个民族的文化和人。培养跨文化意识的第二步就是拓展交际者的跨文化知识和眼界，树立多元文化心态和宽容的文化态度。培养跨文化意识可以通过以下途径来实现。

1. 在语言学习的听、说、读、写各种技能训练中培养

首先通过阅读外文资料感悟外国文化，在阅读中，多了解他国的科技、地理、历史和风俗等，熟悉他们的表达方式和风格，消除因文化知识不足而导致的理解障碍。其次，在外语听力中领悟他国文化。听力材料一般都是模拟的真实对话情景，因而听力训练过程就是一个跨文化意识培养的过程。要让学生知道交际中哪些话题应该避免，比如年龄、婚姻、薪水以及家庭住址等私人话题不应该作为话题。再次，在听的基础上要积极发言，主动参与跨文化交际活动，以提高自己在跨文化交际中的表达能力。最后，通过写作提升外国文化知识的内化和运用。在写作中，要充分意识到中外文化的差异，让人看到流畅、地道、连贯的外语文章，从根本上提升跨文化交际的综合能力。

2. 在外语活动中体验外国文化，主动结交各国朋友

例如，组织外语角、学唱外文歌、看影视材料以及编演外语剧等。在这些活动中，学生身临其境地体验真实的外国文化，了解他们的风俗文化和民族禁忌。同时，教师应帮助学生分析自己文化中哪些方面对自己有利，哪些不利，然后再分析目的语文化，分析其中哪些方面本族容易适应，哪些不易适应且易引起文化冲突，从而有意识地改变自己的行为模式，以利于跨文化交际目标的实现。

3. 在各种旅行活动中，主动积极地营造跨文化交际的机会

总之，我们对文化差异了解越多、体验越多，越容易对他国文化采取接受和宽容的态度；同时，移情也有利于培养对文化差异的宽容性，我们一旦能从对方的角度考虑问题，就已经具有很强的跨文化意识了。

三、培养跨文化行为能力

其实，无论对跨文化敏觉力的培养，还是对跨文化认知能力的培养，最终都是为了使交际者在跨文化交际中能够进行灵活交际，也即是跨文化行为的灵活性，这三者不是截然分开的，而是互相依存的关系。跨文化敏觉力的培养包含跨文化认知能力和跨文化行为能力，而跨文化认知能力的培养中也融入了跨文化行为能力，而跨文化行为能力的培养势必以跨文化敏觉力和认知能力的培养为基础，并且是对这两种能力的一种巩固和融合。

跨文化行为能力即跨文化行为的灵活性，是跨文化交际能力的核心要素。它首先包括交际者能够根据交际双方的文化背景和个性特点，灵活地调整自己的交际策略和行为，尽量向对方的交际规则靠近（以不违反自己的交际原则为前提），减少差距，营造和谐的交际氛围。同时，灵活处理因文化差异引起的文化冲突，在处理冲突时，交际者要善于运用恰当的语言阐明自己的文化困惑，介绍本族文化的行为规范，弄清对方的文化习俗，找出冲突的解决途径，达成共识，完成交际任务。根据美国学者陈国明在《跨文化交际学》中所述，跨文化行为能力包括信息传达技巧、自我表露技巧、行为的灵活性、互动管理以及认同维护技巧等五个方面。学生学习了跨文化行为能力的五个要素之后，教师分阶段、有层次地组织跨文化实践是培养学生跨文化交际行为能力最有效的途径。

（一）跨文化交际角色扮演

角色扮演是教师在条件有限的情况下采取的一种跨文化虚拟实践，角色扮演可以分成两人组角色扮演或多人组角色扮演。两人组角色扮演要求两人分别扮演不同文化国的两个具有一定职业身份（或者学生身份）的交际者，模拟一个实际生活或工作场景，基本设定交际流程主线，留出适度自由发挥的空间，完成一定的交际任务。多人组角色扮演除了在交际者人数上有所增加外，还可以分为两个文化国或多个文化国之间的跨文化交际。多个文化国交际背景相对复杂，因此多人组角色扮演应该在两人组角色扮演训练到一定程度的时候开展，学生能阶段性地增强跨文化行为能力。角色扮演的目的，在于让学生经由模拟的过程，面对并尝试解决跨文化交际中可能碰上的问题和障碍，通过信息传递、自我表露、互动管理以及移情等行为的训练，提高跨文化交际行为的技巧，增强跨文化行为能力。这个方法的优点在于把学生从旁观者变成参与者，使他们能够在模拟的跨文化环境中，亲身体验另一种或多种跨文化交际。

（二）跨文化交际互动实践

组织本校留学生和被训中国学生进行实际的跨文化交流，布置一定的交际任务，根据交际任务需求提供交际场所，并提醒中国学生注意跨文化交际能力五个方面的技巧，通过见面、认识、交流过程，老师观察学生在交际中的困惑、问题、冲突以及解决问题时学生表现出的焦虑或灵活行为。同时可以在学生不知晓的情况下把他们的交际行为摄录下来，在课堂上回放，有些交际失误学生会在观看中意识到，有些需要老师点出后给学生讲解，这样一个学期组织几次交际实习，每次针对不同的重点交际问题进行现场交际，学生的实际交际行为能力自然会得到提升，交际行为更加灵活，交际效能更高。在互动过程中尽量使用描述性、支持性的信息。描述性的信息指使用不妄加判断的态度，给对方明确、具体的回馈；支持性的信息指沟通时同意或支持对方的看法并以点头、注视等动作技巧奖赏对方论点的能力。互动实践的优点是来自异国的交际者比本国角色扮演者能够带来更真实完整的异国文化信息和行为形态。

中国与世界的跨文化交际日益频繁，除了和本校留学生进行一定的跨文化交际实践外，教师和学校还应该多鼓励学生积极参加国际会议或跨国活动，尽可能提供学生相关方面的信息和机会，以增加学生跨文化交际实践的机会，让学生在实践中去体验和认知文化差异，进一步有效提高自身处理文化差异的灵活性。这些建议的实施必然能促成学生的跨文化交际能力和综合文化素质的实质性提升。跨文化交际能力的形成有其阶段性、层次性，因此跨文化交际能力的培养也不是一蹴而就的，而是由表及里，由浅入深，不断发展、深化的过程。教师要针对不同层次设计不同的教学方法和侧重点。

总之，我们应当使学生意识到不同文化背景的人们惯用的言行交际方式，增强学生对不同文化背景的人们通常行为的了解，并把它们与受自身文化影响的行为联系起来，加深学生对自身文化的意识以及对不同文化、不同道德标准的人们的理解，深入了解不同文化背景的人们的日常生活模式、言语及非言语行为方式以及具体情境的行为原则。具体而言，我们要着重培养外语专业跨世纪人才的外语能力来应对21世纪的挑战。

1. 大学外语教育重点体现文化素质教育

语言是人类文化和知识的载体，因而外语教学是实施文化素质教育的一个重要途径。语言知识和语言技能的教学是需要通过学生的实践才能完成的，学习的效果在很大程度上取决于学生的主观能动性和参与性，因此。大学的外语教学更强调教师的指导作用。作为课堂教学活动的组织者和实施者，教师应该最大限度地调动学生的主观能动性和参与性，目的是使学生成为课堂教学的真正参与者和合作者。在外语教学的实践中，效能兼顾的教学方法可以提供大量的语言知识点和文化着眼点的有效输入，同时营造轻松愉悦的学习氛围和课堂文化环境，在这个基础上，充分调动学生主动学习的积极性，从而引导学生在培养有效的学习方法的同时，同步提高自身所习得语言的相关文化知识储备。

必须注意的是，所习得的外语可以用来获取信息，也可以用来了解世界各个国家和各民族的历史文化、社会习俗、政治环境、风土人情等多方面的知识。更重要的是，在文化素质教育中，绝不能忽视母语的学习，良好的母语能力是学好外语、提高文化素质、培养跨文化交际能力的基础。

2. 教学中正常地发挥教材的作用

外语学习的教材选择同样是一个不能忽视的方面。一部好的教材指的是既包含所学习外语的语言知识，又包含其语言的运用知识和文化背景知识，对此，我国外语界人士都已经充分认识到文化在跨文化交际语言使用中的重要性，各大高校的外语专业都相继开设了英美概况、英美文学、哲学等课程，在提高学生学习外语能力的同时，扩大学生的视野。但略有缺陷的是，上述所提到的文化教学大多是关于英语国家政治、历史、文学、经济等方面的知识，即“成就文化”，而对于在外语实际性的交际活动中受文化影响最大的“行为文化”（behavior culture）涉及的是少之又少，甚至是根本没有，导致的结果是跨文化交际能力的课程改革已经是迫在眉睫、箭在弦上，必须马上制定相关的课程安排，并将改变付诸课堂的实践教学中，如此培养的外语专业的毕业生才是跨世纪的人才，才能顺应时代和社会发展的需要。

在课堂教学的实践教学活动中，授课教师在关注教材内容的同时，也要采用切实可行的教学方法，使书本上静态的语言素材活泼起来，通过事实例句，引导学生发现母语和所习得外语的相同点和不同点，认识两种不同语言中所隐含的不同文化和价值观念。在这个基础上，让学生自己总结并且真正认识到语言深层的交际是使用得体的语言形式进行交际，而不只是语言形式的交流。授课教师要时刻牢教材是课堂教与学的基础，它是为教学服务的。通过教材提供的语言素材，师生采用教、学互动的方式，提高课堂知识输入量，在有效的时间内吸收国外优秀文化的精华。

3. 课堂上培养学生的自我完善意识

交际能力主要由语言能力和文化能力组成。在潜心培养学生文化能力的同时，并不意味着放弃或是放松语言能力的学习。语言知识是语言技能的基础，没有扎实的语言知识就不可能获得较强的语言技能；而语言技能的提高也会促进语言知识的加深、理解和巩固。在掌握语言技能的过程中，应正确处理准确与流利的关系、阅读与其他技能之间的关系。在进行听、说、读、写、译的技能训练时，应用语言知识的准确性和应用语言技能的流利性往往会产生一定的冲突，但准确和流利不应处于对立状态，它们其实是一个硬币的两面，互相依赖。准确是流利的基础，流利则是准确的提高，若没有流利，准确只是空中楼阁，根本谈不上能进行有效的口、笔译交际。从语言学习规律来看，语言技能的娴熟与否直接表现在语者交际能力上。听、说能力的提高是获得语言交际能力的基础，大量的语言输入是直接建立在听和读的基础之上的，同时，说、写、译是对语言素材深层次的应用和消化，语言知识也一步步地得到巩固。

在语言教授学习的过程中，教师应积极引导学生自己归纳、总结知识，培养学生主动学习的能力，耐心地指导学生怎样在学习过程中通过上下文来记忆和巩固学过的单词。总之，教师应该随时注意培养学生的语言意识、语言学习意识、跨文化交际意识以及主动通过实践获取知识的意识，这样一来，学生在学习英语的时候，并不仅仅是学习语言，他们同时也在学习如何学习。英语的学习过程也成为一个人获取语言能力、交际能力、文化能力和跨文化交际能力的过程。

外语教学的主要目的是培养学生的交际能力，而不了解所习得语言的国家文化不可能真正具备跨文化交际能力。因此，在培养学生跨文化交际能力的过程中，应该让学生尽可能多地涉猎一些文化交际方面的书籍，鼓励他们与不同文化背景的人们进行交际。不断培养和提高学生的跨文化意识和对不同文化的敏感性及理解性，这样就能既学习语言又学习文化，从而成功地实现跨文化交际活动。

第三节　跨文化交际意识的培养

跨文化交际意识的培养对于英语教学具有重要的意义。因此如何培养学生的跨文化交际意识成为当前英语教学的紧迫任务。

一、跨文化交际意识的内涵

美国加州大学伯克利分校的克莱尔·克拉姆斯克（Claire Kramsch）在英国布赖顿举行的第 31 届国际英语教师协会年会（1997）的讲话中指出，外语教学长期以来被认为是一种文化认同和文化同化的过程。而事实上，学生对这种文化认同往往在情感上很难接受，而且目的语社会事实上也不会在文化上接受所谓同化了的外语交际者。她认为英语并不是一种自我封闭的文化实体而一定要学习者去适应它，不同文化背景者讲英语会有不同的文化感受。外语交际过程事实上是在构建一种既不同于目的语也不同于母语的新的社会文化认同感。

感谢克莱尔·克拉姆斯克从目的语社会的角度提醒我们重新认识并思考英语教学中的文化教学问题。显而易见，人家并不要求也不认同我们的英语学习者成为黄皮肤的老外。就连历来被认为是最保守的英国，近几十年来也发生了很大的变化。有人认为，英国已经从纠缠于帝国情结的社会变成欧洲最适宜各种文化发展的社会，已经从极端内向和孤立的社会变成日渐国际化的社会，因此，我们的跨文化教育的重点应该是"提高意识"而非"认同采纳"。在英语已成为国际通用语的今天，我们根本无法通过认同采纳某一种文化而畅通无阻地与世界各族人民进行交流，唯有提高学生跨文化交际意识才是解决这一难题的有效途径。

那么，究竟何谓"跨文化交际意识"？作为学科教学目标的组成部分，跨文化交际意识不单纯指对异文化的敏感性。从我们所处的特殊历史时期外语教育最根本的培养目标来看，跨文化交际意识至少应有如下内涵。

（一）文化平等观

这涉及怎样看待自己的文化和人家的文化这样一个复杂的问题。由于近代西方社会的快速发展，我们的青年学生容易艳羡西方高度发达的物质文明，认为人家什么都比我们强，"连外国的月亮都比我们的圆"，不知不觉中滋长出一种崇洋心理，看不起自己的文化，极端者竭力模仿西方文化，尽力断绝与母语文化的关系，其结果既不为目的语文化所接受，也失去了同母语文化的认同感，成了没有文化归属感的文化流浪汉。也有少数人盲目陶醉于祖国五千年灿烂的文明史，排斥优良文化以外的任何其他文化，唯我独尊，其结果是自我封闭，拒绝合作。这两种态度均不可取。外语学习者首先须树立起文化平等观和语言平等观：承认各民族文化及语言皆具合理性。在跨文化交际出现困难和误会时，"我们应该努力把言语不通变为声入心通，应该尽量消除误会。可是，我们绝不能归咎哪一方，绝不能认为哪一方的文化更好，语言更美"。上述问题事关交际双方的合作诚意，是跨文化交际顺利展开的前提。因此，跨文化教育中首先要解决的问题便是帮助我们的学生树立文化平等观和语言平等观。

（二）理解

这里所说的理解并不限定于理解某一特定文化中那些不同于母语文化的文化现象，也不是力求获得对世界各民族文化的了解，事实上这是不可能的。人类学家告诉我们，价值观念是文化的核心，它与文化的其他部分的关系犹如纲与目的关系。北京外国语大学朱维芳和萨拉·弗伦霍尔姆（Sarah Frenholm）最近对中国学生与外籍教师在课堂内外交往中所发生的"文化差异"现象的原因进行了调查，结果显示，社团价值至上（东方文化）和个人价值至上（西方文化）的差异是引起文化差异的主要原因；并发现有"部分学生已经能够变换视角，跳出社团价值至上观的束缚，用个人价值至上观来看待如何评价外籍教师的所作所为。他们对某些行为不仅能理解，还加以赞扬”。我们认为，所谓理解，便是指在跨文化交际中，交际双方变换视角，跳出自我文化价值观的束缚，以对方文化的价值观来看待和评价对方的所作所为，容忍、尊重并理解别人与自己的不同。此为跨文化交际得以顺利进行的保证。

（三）传播文化

吴宓先生为清华大学外文系制定的五个培养目标之一便是“汇通东西之精神思想而互为介绍传布”。许国璋先生一再批评那些没有知识、没有看法、不能连贯地谈论正经事、只会几句干巴巴英文的外语鹦鹉。其实，跨文化交际者更重要的身份是文化使者：在向国人介绍引进世界先进文化的同时也向世界传播中华文化。有一件事对我们颇有启发，1997年在南京召开的国际企业营销报告会上，来自世界五百强企业的营销专家登台时，全部操着流利的汉语，记者就这一现象进行采访，对方的回答发人深省：21世纪的世界在中国，世界大企业要获得更大的发展，必须与中国一起发展；当中国提出与世界接轨的时候，许多世界大企业提出，世界要与中国接轨。由此可见，通过跨文化教育培养学生传播中外文化的使命感，让中国走向世界、世界关注中国，完成时代赋予我们的重任，已迫在眉睫，刻不容缓。

（四）融合文化

需要说明的是，在跨文化交际过程中，文化的交融不是一个孤立的过程。实际上，它产生于理解，丰富于传播。把它单独立项，不只是为了讨论方便，更重要的是帮助学生树立起科学的、符合历史发展规律的文化发展观。一方面为丰富祖国文化遗产和推动世界文明进程做出贡献，另一方面通过文化的流通和交融造就新型的现代化人才，这实质上是现代化教育的根本课题和目标。

任何一个民族如果只固守自己文化的纯洁性，不学习其他民族文化的先进成分，不但不会发展，还会倒退。

让我们引以为傲的华夏文化，在几千年的历史长河中，同周边的兄弟民族频繁交往，互通有无，不断融合。一方面，从兄弟民族中吸取文化营养，发展自己；另一方面，把自己的先进文化传播、渗透到兄弟民族中去，使其“同化”，共同发展。不仅如此，我们的祖先还跋涉崇山峻岭去“西天”取经，远渡重洋去亚非国家经商或进行文化交流。正因为有了这样的融合，才有了我们今天历时几千年不衰的华夏文化。

当然，文化融合既不是盲目地“拿来”，也不是粗暴地取代，更不是单向地、彻底地同化或被同化，而是在与不同文化的交流、沟通中，注意吸收世界各民族文化的长处以丰富、发展自己，确保在世界文化之林中立于不败之地。

另外，在世界变得越来越小的今天，人类还满怀着一个美好的愿望，那就是希望各种文化能通过逐步的沟通、宽容、互补而获得对利益和价值的共识，建立起统一的“文化场”。

当然，由于民族—国家的现实，目前这种愿望还只是一种理想，可理想的实现需要现实的努力，面向未来的教育说到底也是为实现人类未来理想所做的现实努力。如此看来，培养学生的文化融合意识尤其体现了跨文化教育的现实意义与外语教育的未来观的统一。

上述讨论归根结底是帮助学生形成一种对文化的信念与态度。跨文化交际意识的培养，就其本质而言，是帮助学生形成对文化的科学的信念与态度。我们知道，信念贯穿并制约着人格全体，它操纵人的意识与行为，是人格的核心部分。因此，根本的信念与态度在整个教育目标的导向作用中起着实质性的基准功能。从这个角度去认识外语教育中的跨文化教育，才能最大限度地挖掘学科教学中的教育内涵，有效地在专业教学中实现二者的辩证统一，与学校其他一切外显的、隐蔽的课程和谐结合，促进学生人格的全面发展。

二、跨文化交际意识的培养

英语教学中跨文化意识的培养问题，是正确处理语言教学与文化教学关系的重要“软件”建设之一，它的重要性和必要性是不言而喻的。在过去相当长的一段时间中，由于种种原因，我国英语教学中重语言形式、轻文化因素现象在教学的各个环节都相当普遍，从而使相当多的教师形成了较为固定的思维定式和教学模式：注重的只是学生对语言形式的掌握是否正确。或语言使用是否流畅，而较少注意学生跨文化条件下语用能力和行为能力的培养。自 20 世纪 80 年代中期起，随着语言与文化研究领域大量新理论、新概念的引进，以及新的语言学理论在教学中逐步应用，我国英语教学界对文化教学在英语教学过程中的重要性和必要性的认识有了长足的提高，甚至可以说是质的飞跃。然而，认识的提高并不说明我们已经具备了这方面应有的素质。重视英语教学中文化因素的教学，重视学生跨文化交际能力的培养，不是靠“有意识”或“有意注意”就能顺利实现的，这里还有个如何上升到“无意识”或“无意注意”高度的问题，即跨文化交际意识的培养问题。所谓跨文化交际意识的培养，主要是指如何用现代语言文化学理论的基本观点来指导具体教学，使教学内容、教学方法和教学过程符合培养目标要求。这无疑是摆在教师面前的重要课题。

培养跨文化交际意识，实际上是要建立现代英语教育的一种新理念。显然，高素质英语人才的培养，需要有新的教学内容、教学方法和新的教育理念予以支持和保障，否则，培养目标的实现就会成为一句空话。

从英语教学的性质、规律以及跨文化交际的具体要求来看，培养师生的跨文化交际意识，主要有以下六个方面的内容。

（一）师生双主体意识的培养

教学的过程是作为“教”的主体的教师和作为“学”的主体的学生双向交际的过程，离开两主体的双向交际，而只局限于其中的任何一方，就难以有效达成教学目的。跨文化交际意识的培养也是如此。过去往往只调整教师主体在教学中的主导作用，而忽视另一学生主体的积极性和创造性，实践证明是百害而无一利的。因此，我们说跨文化交际意识应该是一种双向的意识。不但教师要有，学生更应该有，从而使教师既是语言教师，同时还是文化教师；学生既是学语言的学生，也是学文化的学生。

（二）交际意识的培养

交际是语言最基本的功能，也是英语教学的实质体现。跨文化交际脱离交际这一英语教学的核心，就失去了其存在的意义。倘若教学中的师生两主体缺乏强烈的交际意识，即不从交际的目的以及交际的形式出发去理解和把握英语教学的全过程，势必会削弱教学基本功能的发挥，影响学生跨文化交际能力的生成和提高。从教学内容和教学形式上看，就会有意无意地走“老路”。把注意力集中在纯语言知识的掌握或纯语言形式的教学上，而不去注重学生跨文化条件下综合运用语言能力的培养。因此，我们认为培养交际意识是首要任务。

（三）文化对比意识的培养

文化对比意识是指对目的语与母语、目的语文化与母语文化进行对比的意识。唯有对比方能发现差异，方可有的放矢地进行语言与文化知识的教学。对比不能仅限于表层的形式对比，还应该有深层的内涵对比；不仅要进行语言的对比，还要有非语言的对比；不仅要进行语言、非语言形式与意义的对比，还要进行言语交际行为的形式与意义对比。对比的目的主要是发现异同，以便跨文化交流顺利进行。

（四）对文化敏锐的洞察力

语言或语言使用中包含着许多文化因素，有些是显性的，但更多的是隐性的，属深层次的文化背景知识。教学中若对此缺乏应有认识，就难以揭示语言中深刻的文化内涵。这就要求我们对文化因素要有相当的敏感度，尤其是对文化相关现象的洞察，切不可被貌似相同的形式和相同的意义等表面现象所迷惑；另外，洞察意识还要求正确区分出教学中两种不同功能的文化因素，即什么是知识文化，什么是交际文化，以便有针对性地进行交际文化教学。当然，是否有洞察意识还取决于师生两主体本身文化素养的高低。因此，只有大力提高自身的文化素质，尤其是两种语言与文化的素质，才是确保具备洞察意识的关键。

（五）文化鉴别能力

它包括两个方面：一是去伪存真，二是去粗取精。所谓去伪存真，就是从纷繁多样的文化因素中，去掉虚假的、表面的东西，而保留真实的、典型的东西。也就是说，对于交际文化因素要选择那些具有真实和典型意义的部分，即能如实反映所学语言国现实的材料，而不是虚假的或孤立的、属个别现象的材料。所谓去粗取精，就是通过有目的的选择，除去文化因素中消极的糟粕的部分，而留取积极的、精华的部分。这一点对我们来说至关重要。因为语言除有交际功能、文化载蓄功能外，还有特有的教育教养功能。我们切不可不加分辨，一味地照搬照抄。对于西方文化，应有足够的鉴别能力。

（六）存我意识

西方语言教学界曾流行这样一句话：一旦学了一种英语，你便再不是原来的你了。它说明这样一个事实：英语教学中通常会出现“文化化”现象，即自觉不自觉地用目的语文化的思维方式和表达方式来“规约”自己的言语行为。究其原因，是因为“学习英语几乎每时每刻都要理解生活在另一种文化中的人”（Brown，1980）。当然，单从掌握语言的角度看这是对的，也是英语教学的目的所要求的，但若从文化角度看就不一定合适了。失去自我文化而一味地追求目的语文化，绝不是正常现象。我们说跨文化交际是语言与文化的双向交际，但完全失去“我”文化的交际岂不变成了单向文化交际？因此，我们认为英语教学中保留一定的自我文化是必要的，大可不必牺牲自我文化而求取目的语文化。在这方面，教师要进行正确引导，使学生具有“存我意识”。

第四章　跨文化大学英语教学建议

第一节　对大学英语培养目标的建议

《大学英语课程教学要求》提出大学英语的教学目标是培养学生的英语综合应用能力，特别是听说能力，使他们在今后工作和社会交往中能用英语有效地进行交际，同时增强其自主学习能力，提高综合文化素养，以适应我国社会发展和国际交流的需要。大学英语课程不仅是一门语言基础课程，也是拓宽知识、了解世界文化的素质教育课程，兼有工具性和人文性。因此，设计大学英语课程时也应当充分考虑对大学生文化素质的培养和国际文化知识的传授。

一、在大学英语教学大纲中明确母语文化和目的语文化的定位

借用梁启超先生划分中国史的方法来明确大学英语教学中母语文化的定位。梁启超先生的《中国史叙论》作为中国通史的纲领，将中国史划分为中国的中国、亚洲的中国和世界的中国三段。中国的文化之所以成为中华文化，是在中国的主要人口发展了成群的共同意识之后，秦汉帝国四百年的熔铸将“中国之中国”定型，在东汉之后，外族入侵加上佛教传入，中国始终有外围的挑战，实际已是亚洲之中国。 “世界之中国”始于清乾隆末期或者还可以更加提前。许卓云先生指出如果中国在“亚洲之中国”阶段就能发展出与其他文化共存平等的心态以及对其他文化的尊重与认识，则中国在进入“世界之中国”时不至于心理上毫无准备而一败涂地，今天的中国人已经认识到中国只是世界的一部分，中华文化只是在人类文明中占了一席之地而已。

大学英语教学的内容要以母语文化为基础，这是学生在跨文化交际中的立身根本，但在大学英语的课堂中进行母语文化教学超出了大学英语教学的要求，也不是大学英语教学单独可以完成的，因此在大学英语教学中的母语文化内容以母语文化内容的英译即如何表述母语文化内容为主，同时进行母语文化与目的语文化的对比。

大学英语教学中要涉及其他文化的内容，英语已经是一门公认的世界通用语。除了以英语为母语的国家之外，亚洲、大洋洲、太平洋、加勒比海的很多国家将英语指定为官方、准官方或工作语言。在这种状况下，数百万学生学习英语，把它作为全球性的国际交流语言。拿中国的亚洲邻居来说，印度、新加坡都通用英语，日本、韩国、马来西亚的英语普及率也很高。全球化的今天，英语已不仅仅被用来与以英语为母语的人士交流，大学生还

可能使用英语与来自其他国家的人士交流，因此大学英语教学的内容在新形势下还必须扩展，但是限于大学英语的课时和课本的容量，所以这部分内容可以作为选修、泛读，或课外阅读的内容。

大学英语教学中目的语的文化学习是重点，学习目的语文化是掌握目的语所必需的，同时学习目的语文化能让大学生意识到自己的文化身份，这也是学生建立文化身份的途径。只有在深入了解目的语文化的基础上，学生才能更深刻理解母语文化，才能理解中国历史和文化是整个世界的历史和文化的一部分，才能理解自己不仅仅是中华文化的传承者，也是世界的一分子，是世界文明的延续者。他们不仅要知道孔子、孟子的智慧，也要了解柏拉图、孟德斯鸠的思想精髓，他们不光要知道中国几千年的史实，也要了解世界几千年的发展。这也正是外语教学的桥梁作用，不是让中华文化与西方文化对立起来，或者简单地以民族自豪感取代文化交流中自由和实事求是的态度，而是让学生明白母语文化和目的语文化不是分隔的和对立的，要能从不同的历史和文化中吸收养分，让学生成为跨文化人。理解另一种文化会给予你一个站立的位置，在那儿你能更好地观察你自己的文化。

二、大学英语教学大纲的培养目标和教学中要让大学生达到和具备三个层次的程度和能力

第一层次：让学生能自如地表述自我和母语文化，具备用英语表述母语文化的能力。对于西方人来说，中国人和中国的文化都是“文化上的他者”，如何避免西方将中国的民族文化和民族自我淹没在西方式的话语中，就必然依靠中国人对自我文化的阐释和表述，就如著名的大陆地区电影导演张艺谋，他对母语文化的大胆表述为他赢得了国际声誉，大学生就要像他那样，用西方人能够理解的方式表述自我以及自己的母语文化。

第二层次：让学生能够深刻理解目的语文化的深层内核，具备对目的语文化的理解能力。对于学生来说，目的语文化也是“文化上的他者”，如何避免将目的语文化“他者化”，如何避免文化障碍是大学生学习的主要目的之一。就如著名的香港地区电影导演吴宇森，他在好莱坞拍片时所表现出的对美国社会规则、话语体系、意识形态的理解不亚于美国本土的导演，吴宇森的电影从形式和内容上都受美国文化的认可，在好莱坞赢得了很高的声誉。大学生应该像他那样，做到能够理解目的语文化的深层内核。

第三层次：也是终极目标，使学生成为“跨文化”的人。因为学生所具有的“他者”身份，他们可以有意识地与目的语文化价值观保持距离，可以从“他者”的视角来审视目的语文化。指出西方人习而不察地对“他者”的冷漠，不但可以令西方人反省自己的文化，也能为自己争取到“话语权”；同时学生的“他者”身份也为自己提供了一个认识自我的参照，从“他者”的角度看母语文化会让学生进入反思“自我”的旅程，学生能重新认识习以为常的社会。“跨文化人”可以使学生以他者的眼光观察母语文化和目的语文化的社会、历史、价值观等，“他者”的优势就是“旁观者清”“只有旁观者能纵观全局”，通过这样地对文化的观察，学生学会反思两种文化模式，重新审视两种文化中的社会价值

观，能够更深刻和批判性地认识自我，同时在这一过程中学生能建立文化身份，弥合西方与东方、他者与自我。就如著名的电影导演李安，他在《卧虎藏龙》中用西方人的视角来表现中国的武侠和功夫，在《断背山》中又用“他者”的视角审视美国社会对“异类”或“异质文化”的漠视和排斥，促使美国人反思美国社会的问题，使美国人批判性地重新认识自我。前者为他赢得奥斯卡最佳外语片奖，后者为他赢得奥斯卡最佳导演奖，在好莱坞的文化霸权中李安真正获得了话语权。大学生就应该能够从边缘的视角审视两种文化，弥合起两种文化，从两种文化中吸收养分。

哈佛大学前校长德雷克·博克说：“教会学生如何在这个多元社会中生活，是大学义不容辞的责任。”在人的身上，没有哪一样东西比语言更能包容起整个族类。语言具有把各个民族分隔开来的特性，但也正是这种特性，使语言得以通过不同话语的相互理解，把个人差异统一起来，同时并不损害他们的个性。人类所付出的许多努力，都不能充实心灵；如今宗教和文明肩负着开拓的使命，而通向成功的钥匙则掌握在人所固有的语言手中。学习母语或母语文化并不仅仅是让大学生通过考试或者应付日常生活，而是要让大学生拿起汉语或古汉语的书籍与自己的祖先对话，吸取先哲的智慧。学习英语不能仅为通过TOEFL、IELTS、GRE考试，而是让英语成为一座桥梁，当学生拿起一本英文著作时，就可以与西方文明中的智者对话，进行思想的碰撞。从他者的角度看到母语文化的优势与弱势，从他者的角度审视目的语文化。大学生能够成为跨文化人，在两种文化中搭起一座桥梁，使母语文化在面临西方文化的挑战时，不至于成为一个曾经辉煌但逐渐逝去的堡垒，而是在继承中，在两种文化的交流发展中重新焕发光彩。

第二节 对大学英语教材的建议

一、增加通识教育内容

早在1828年耶鲁报告就指出以心智的训练、人文价值作为外语学习的存在和理性基础，大学的功能是训练学生的心智，拉丁语和数学是达成该目的的最好工具。如果学生能够掌握这样系统的、有序的、完整的知识体，就掌握了一个可以应用于其他不完整科目的思想体系，学习这样传统的、有序的科目可以给学生一个完整的知识体系，用以在其他科目中追寻知识。 “外语教育是人文博雅教育的一个重要组成部分，源于古典教育的外语教育并非单纯的语言学习，还包括语言所承载的知识与文化，通过语言及其承载的文化，外语教育成为人文教育的核心。”

通识教育是在大学的人文传统面临专业教育、实用性教育的挑战时被用以实践高校的人文传统，通识教育与博雅教育密切关联，外国语言和文化一直是通识教育的重要组成部分。例如，美国高校的通识教育是其课程体系中最重要的组成部分，而外语教育又是通识教育的一个重要部分。哈佛大学的核心课程规定了十一个领域。第一领域就是外国文化，而外语学习是外国文化领域规定的重要课程之一。耶鲁大学的通识教育要求学生学习人文艺术学科、科学、社会科学三个领域的课程，在人文艺术领域，外国语言和文化课程是完成该领域学习的重要部分。外语学习通过理解、借鉴、包容他国的历史与文化价值从而与大学教育的重要性紧密相连，而这些文化价值又是人文博雅教育的核心价值。因此，外语学习和人文学科联系在一起，语言学习不但具有交际的实际应用价值，更重要的是语言学习与文化鉴赏，与促进和提高分析思考能力、价值甄选能力紧密相连。正是在人文主义思想下，外国语言与文化成为通识教育的一部分。

目前国内对于国外外语教育的研究以美国为主，兼有对欧洲国家语言政策与语言选择的研究，其次是对香港地区的外语教育（以英语为主）进行研究。但是美国和欧洲，尤其是美国，有大量移民，其中很多移民的后代在学校选择其家庭传承语言。例如“二战”前，美国移民以西欧国家为主，所以法语、德语有大量学生学习，而随着世界各地移民的增多和对语言与身份、语言与人权的关注，其他国家的移民更关注自己的权利，墨西哥裔的学生以学习西班牙语为主，华裔学生以汉语为主等。另外，美国设有各种基金会，如犹太民族对学习希伯来语的资助、波兰基金会对学习波兰语的资助等都影响其语言政策和语言选择。美国人因为英语作为世界通用语的地位，对学习其他语言并无太强的兴趣，故此美国人自嘲说讲三种语言的人是 trilingual，双语的人是 bilingual，而只说一种语言的人是 American。

将大学英语系整合进入通识教学部，因为大学英语本身就是通识教育的重要组成部分，而且能够弥补现有大学英语教材的不足，让学生接触到经典作品，同时开阔师生的眼界，促进大学英语教材的改进。对比前文引用的美国大学经典阅读的书单，可以很明显地看出：大学的经典书目更有包容性，尽量囊括东西经典、文理兼顾，让学生既能以自我主体为主，又能了解他者，尽可能做到融会贯通。

二、增加母语文化内容即增加中华文化内容

在大学英语教学中，应注意中华文化的表述，帮助学生建立平等的跨文化交际意识。在制订教学大纲时，宏观上的政策要将中华文化提升到与西方文化同等的地位，作为英语教学的一个部分纳入教学计划。在教材的编写中，应将中华文化内容分层次、系统地纳入大学英语教材。通过对母语文化的学习，让学生树立民族自信心，提升民族自豪感，在跨文化交际中树立平等的交际意识，培养学生输出中华文化的意识，保证文化的双向传输。英语教材直接影响着教学内容和教学目的，目前大学英语教材只注重对西方文化的介绍，忽视了中华文化。而跨文化交际中表达的是双向的交际行为，并不仅局限于对目的语文化的理解，还包括与对方的文化共享和对对方的文化影响，因此，增加教材中中华文化内容，是我国大学英语教学需要解决的问题。鉴于中华文化博大精深，不可能面面俱到，因此应选择一些经典的、具有代表性的文章编入英语教材。同时，方式应该多样化，可以把中华

文化内容作为课文讲授，也可以作为课外阅读材料，或是作为口语、听力的练习内容。让英语教材发挥培养学生人文素质、弘扬民族文化、提高学生语言能力的作用。

在英语教学中也要融入中华文化，英语教学过分强调学生听、说、读、写能力的提高使英语课变成了单纯的语言技能训练课。这已经不能满足提高学生跨文化交际能力的要求。所以在教学中应改变单一的语言技能训练教学模式，实现真正的文化教学。教师还应该在不同的学习阶段，根据学生程度，帮助学生掌握中华文化的英语表达方法，调动学生积极性，让英语学习者学会用英语向其他国家的人讲述中华文化，让世界了解中国。目前大学英语教师对跨文化交际的认识存在一定的误区，跨文化交际策略、经验及应变能力都有待提高，大学英语教师应有较深的文化功底，还要有较丰富的西方文化知识，兼具母语文化修养。但是，教师自身的中华文化的英语表达能力本身尚欠缺，而这些都会影响教师的课堂教学。要想在英语教学中融入中华文化，就需要提高教师素质，除了具备语言能力外，还必须具备良好的文化修养，这样才能胜任教学、实现教学目标。因此，要真正实现在大学英语课堂中对中华文化的传承，英语教师就要加强自身的学习，提高自身的综合素质，担负起在英语教学中融入中华文化的责任。在当前中华文化失语的情境下，大学英语教育应该在教学中渗透中华文化，让学生在跨文化交际中保持自身的文化身份，实现有效的跨文化交际。

第三节　对大学英语教学方法的建议

首先，目前在我国大学英语教学中最常见的方法还是语法—翻译法，其逻辑基础在于认为世界上所有的语言都起源于一种语言，各种语言的语法是共通的，词汇的意义也相似，语言之间的区别仅仅在于单词的发音和拼写不同。所以，教授外语就是进行两种语言的互译，词汇和语法的互相替换。语法—翻译法在学完字母、拼写之后，就会教学生系统学习语法、记忆词汇、阅读，其中语法教学始终占有重要地位，因为语法是翻译和阅读的基础。课文中需要出现需学习的语法项目，配合语法编写的例句和练习，课文讲解围绕语法。但是这种方法忽视了听说，过于强调语法的教学。

其次，较多使用的是听说法，其逻辑基础是美国结构主义语言学，认为语言是说的话而不是写出来的文字，语言是一套形成的习惯，所以需要大量的刺激和操练，语言教学不是教语言的知识。所以听说法以听说为主，反复操练，以形成习惯。听说法十分重视外语思维，完全拒绝母语。但是听说法忽视了语言的内容和意义，以句型为操练的对象，学生也许能说出流利的句子却不能活用语言进行适当的交际。

最后，在国内影响较大的教学法是交际法，强调培养学生的交际能力，将语法项目按照功能和意念进行整理，语法服从语言功能。以学生为主，让学生接触地道的语言而不是紧紧围绕语法知识。但是语言的功能项目很难理清，语法、功能、意念很难融为一体，再者中国教师自己的交际能力尚存有问题，所以影响了这种方法的功效。

一、大学英语教学法现状

（一）教师的教学观念

尽管“以学生为中心”的教学理念已经被越来越多的教师所接受，但真正实践起来还有很大差距。我们发现，几乎所有教师都是按照事先准备好的教案进行教学。讲课中，有的教师准备的教学内容明显偏难，超出了学生的知识范围；有的又太容易，根本没必要讲，但很少有教师根据学生实际调整教学内容。其结果是，一个教师的教学内容太难，让学生云山雾罩；另一个教师的教学内容太简单，让学生无所事事。两种情况下，可以看出教师不习惯从学生学习角度考虑如何设计教学内容和方法。教师备课时大多备的是教材，而不是备学生。所反映出的教学观念是，教师教什么，学生就学什么。教师很少考虑学生需求，因此，学生课上学习积极性不够高。Brown（1994）认为，根据学生需要和愿望组织教学才能激发学生内在学习动力，而提高内在动力是保障学习效果的最佳方法。

（二）教学内容与方法

如上所述，很多教师备课时主要是备教材，很少考虑学生的需求，因此，上课时，他们都是在教教材，而不是用教材教。两者的区别是前者是根据教材组织教学，考虑的重点是教材中有什么背景知识要介绍，有什么语言点、生词、课文难点要讲解；后者是利用教材开展教学活动，考虑的重点是学生可以从教材中学到什么。可以看出，很多教师备课时做了精心准备，从背景知识、生词、语言点到文章结构面面俱到，教学态度更是认真讲解，娓娓道来，一堂课下来似乎讲了很多内容，但仔细想想好像什么印象都没有留下。究其原因主要有以下方面：

（1）教学目的不明确。很多教师没有介绍教学目的，究竟他们备课时是否考虑教学目的不得而知，但至少是没有认识到教学目的的重要性。有的教师虽然列出了教学目的，但教学中没有按照教学目的设计教学内容，所以教学目的形同虚设。很多教师承认，他们讲课的教学目的就是讲完某单元课文，很少考虑通过课文学习要达到什么具体的教学目的。

（2）教学重点不突出。没有明确的教学目的，教学内容很容易变成流水账，从生词到课文讲一遍就算完成了教学任务。但学生的记忆有限，不可能将教师讲的每句话都记住，教学内容千篇一律，教师讲得越多，学生越不知道重点是什么。因此，上完课学生感觉没收获。

（3）知识与应用不平衡。《大学英语课程教学要求》（2007）指出，大学英语教学要实现“从以教师为中心、单纯传授语言知识和技能的教学思想和实践，向以学生为主体，即传授语言知识与技能、更注重培养语言实际应用能力和自主学习能力的教学思想和实践转变”。但是，大多数教师的授课内容仍然是以语言和技能为主，语言应用型课堂活动较少。

（4）课堂时间分配不合理。所有教师都以阅读材料为中心，将教学过程分为阅读前（Before reading）、阅读中（While reading）、阅读后（After reading）三部分。我们发现，这三部分的时间分配不合理。大多数教师进入课文用时较长，最短的20分钟，最长的45分钟；部分教师课文讲解用时较长；但完成课文阅读后的活动用时普遍较短。分析原因可能是因为进入课文前教师比较容易组织活动，讲解课文过程中可讲内容较多，而讲完课文后大多数教师感觉完成了任务，所以课后活动往往一带而过。实际上，要提高学生的语言运用能力必须加强阅读后的活动，因为学生在阅读中所学词汇、语法、结构的练习，课文深层次意义的理解和引申都需要通过这部分来完成。

（5）提问形式使用不当。我们注意到，教师在课堂上使用展示型问题（Display question）较多，使用引申型问题（Referentialquestion）较少。展示型问题是用来了解学生对所阅读或听力内容理解的。这类问题没有信息差和交际意义，因为学生可以直接从文本中找到答案。引申型问题是用来讨论文本的深层次信息或读者对所获取信息的评论和意见的。这类问题是开放性的，学生无法直接从文本中找到答案，需要自己组织语言，因此，更有利于培养学生的表达能力和语言运用能力。但是，由于教师主要使用展示性问题，学生回答问题时几乎全部照本宣科，使用课文中的原句。从表面上看，师生在互动，学生在练习，但没有真正意义上的信息交流，也不利于培养学生的表达能力和语言运用能力，还容易造成学生离开书本就不敢张嘴。

（三）学生课堂参与度与注意力

参与度和注意力是相辅相成的。课堂上如果学生只是旁观者，注意力很难保持一堂课时间。只有让学生主动参与课堂活动，才能吸引学生注意力，进而提高教学效果。从课堂上看，学生参与度不够广泛，尽管有的教师尝试调动学生参与，但经常只是少数学生发言，多数学生保持沉默。分析原因，我们发现如下问题：

（1）任务不够明确。有的教师布置活动时没有说清楚到底让学生干什么。听课时我们不止一次地感到困惑，不知道教师的具体要求是什么。学生不知道教师让他干什么，当然就没办法参与活动。

（2）任务不够合理。有的教师不预先布置任务，等到学生完成听力和阅读后直接提问或讨论，造成学生没有思想准备，无法参与活动。这种无目的的听力和阅读不仅让学生无所适从，不知道要听什么、读什么，也不符合语言学习规律。现实生活中人们的阅读和听力一般都是有目的的。

（3）任务意义缺乏解释。几乎所有教师都是只布置任务，不解释为什么。其结果是有的学生不理解任务的意义，有的甚至认为教师布置的任务没意义而不愿参加。

（4）提名发言不够。由于班级人数较多，有些教师不知道学生的姓名，所以，大多数情况下教师提问时都是学生自愿回答，那些不习惯主动发言的学生不但没有机会练习，而且会感到受到忽视。有些学生一旦意识到教师不会提问他们，就不再准备回答教师的问题了，也就不再跟着教师的思路学习了。

（四）课堂互动与语言环境

通过多媒体设备的使用和教师的英语授课，使学生在课堂上始终处于目的语语境不是问题语境。但这些明显不够，因为真实语言环境需要互动，需要信息交流，需要用语言做事，而大学课堂上，信息主要是从教师流向学生。有的教师从头到尾滔滔不绝，除了要求学生随声附和一两个词外，几乎没有给学生在课堂上交流的机会。很多教师虽然提问，但只是流于形式，不等学生回答就将答案告诉学生了，根本没准备跟学生交流。但是没有语言互动和信息交流，学生就难以进入真实语言环境。更重要的是，没有跟学生的交流，教师就不知道学生在课堂上获得了什么，也就难以知道教学效果。尽管授课班级学生较多，教师难以给每一个学生机会在课堂上发言，但可以看出，我们的大学英语课堂教学还是以教师讲授为主的语言输入型，学生的语言输出明显不足是影响交际能力培养、影响教学效果的主要问题。Brown（1994）认为，学习者只有通过语言输出才能有效掌握所输入语言，逐渐实现语言自动化。换句话说，学习者不能亲身参与语言实践活动，就不能习得语言。

（五）学生学习积极性与教学效果

学生学习积极性直接影响课堂教学效果。因此，课堂上，很多教师为了提高学生的积极性在刚开始上课的预热（Warm-up）和导入（Lead-in）阶段，通过听歌曲、看录像、讲故事、介绍背景知识、开展讨论等形式吸引学生注意力。从整体上讲，这一阶段是课堂气氛最活跃、学生参与度最高、趣味性最强的教学环节。因此，很多教师都是尽量利用这一阶段开展各类活动，制造课堂闪光点。有的教师这一阶段的活动安排过多，以至于没有时间完成教学计划。但是，一旦进入课文学习阶段，课堂气氛就会急转直下。单调的课文讲解和阅读理解活动使教学的趣味性大打折扣。快读、略读、提问、填空、做选择题、找主题句等教学活动学生早已司空见惯。随着趣味性的下降，学生注意力开始分散。我们注意到，课文学习阶段学生很少记笔记、很多学生的目光游离于课本之外，有的看手机，有的交头接耳，有的显得无所事事。进入课文学习之前，课堂趣味性比较强，学生注意力比较集中，一旦开始学习课文，课堂就显得枯燥乏味，学生就开始目光游离。因此，要提高大学英语教学效果，需要改进课文学习阶段的教学方法。

二、新时期大学英语教学方法

人类自有外语教学开始就一直在不断追寻最好的教学方法，但是没有一种方法是放之四海而皆准的。学习者本身的因素，如年龄、性别、动机、态度、智力、认知方式、家庭影响、天赋、兴趣、性格、学习方法等都影响着学习者的学习成效。我国在大学英语教学中更多地只是关注教师如何教，忽视了学生在母语和第二语言习得中的差异，大学生已经是成年人，学习的环境和方式完全不同，学习的目的和过程也不同，大学英语教学要顺应学生的成长和心理过程的变化，重视学生的个体因素。

大学英语教学中在面对各种教学法流派，以及针对不同研究对象和视角的研究理论，需要保持清醒的头脑、博采众长，因为不存在一种万能的或最好的教学方法，在教学中要根据实际情况，灵活适当地加以实践。正如托克维尔所说："我们把视线转向美国，并不是为了亦步亦趋地效仿它所建立的制度，而是为了更好地学习适用于我们的东西；更不是为了照搬它的教育之类的制度，我们要引以为鉴的是其法则，而非其法治的细节。"我们可以借鉴和学习欧美的理论与流派，由于文化背景和社会历史的差异原因，对我国大学英语教学的指导作用和影响力还需要本土化的实践和研究，不能将其直接运用于我国的大学英语教学中。

当前语言研究者和教育者已经意识到语言环境和学习者的个体的复杂性，已经超越了遵循某一种或几种教学法的时代，而进入一个后方法教学时代（postmethod condition），一译为方法后教学时代。语言教育者的任务不是去追求最好的教学法，而是去探索能够满足学生需求并且适应学生学习体验和个体差异的教学策略。随着现代科技的发展和教学理论的推进，出现了新的教学方式。

（1）英语信息化教学。随着数字技术的发展和计算机应用的普遍化，以及外语教学中更强调交际能力和文化基础，计算机被广泛用于语言教学，成为合适的培训工具。学习软件的开发，网络互动平台都给学生提供了方便、快捷的学习方式。学生可以在任何适宜的时间、地点进行学习，学生自己确定课程进度，学生面对计算机没有心理压力或"丢面子"的问题，计算机辅助教学有助于学生形成个性化学习，也有助于大学英语教师保存学生的学习记录和教学资料。

（2）个性化学习。源于人本主义的教育观，满足学生对课程自我掌控的要求，学生选择个性化的学习方案，使用规定的或自学的材料，自己设定学习进度。个性化学习尊重学生的个性，教师根据学生的兴趣、特长、需求进行调整，学生是一种自主性的学习。教师从教授者和权威转变成学生的合作者，甚至是学习者，学生不再是被动的听讲人而是主动的合作者，能促进学生形成终身学习。

（3）以目标为指导的外语教学。教师和学生建立平等的伙伴关系，共同努力以达到一定外语能力、程度的要求。目标具有激励作用，可以将人的需要转换为动机，并将学习结果与目标进行对照，及时调整，直至达成目标。

（4）自主学习。较为新兴的语言学习方式，是与传统的被动接受性学习相对应的学习方式，利用已经开发好的语言学习材料，由学生自己进行自主学习，给学生配备语言导师进行语言的实际操练，在学习完成后，进行测试和评估。以学生作为学习的主体，通过学生独立的观察、分析、实践来达到学习目标，培养学生自己收集和处理信息的能力、分析和解决问题的能力，以及交际和合作能力。自主学习能有效利用教师资源，降低高校开设语言课程的成本。

（5）海外学习。有条件和获得经济资助的学生可以到目的语国家进行语言和文化的学习。

第四节 对大学英语师资的建议

21世纪,外语学习越来越重要,语言学习的好处在于能够提高学习者对语言的理解力,从而有助于学习者更严密和细致地使用自己的语言,理解所阅读的外语文本,以及理解跨文化交际的障碍。在耶鲁大学,无论学生的入学外语考试水平如何都必须学习外语,因为耶鲁大学认为外语技能和数学以及定量的分析技能是通向未来学习和生活的钥匙。随着全球化的深入,我们越来越多地与世界各地的人们接触,以及在我们自己国家内部越来越多的农村人口和外籍人士涌入城市,作为不同程度交际的复合体的对文化维度的知识实际上十分必要。外语成为现代人必备的素质之一,在这样一个多元化的时代,跨文化交际能力是跨文化人必备的素质,这必然对外语教育提出更高的要求。外语教师作为教学活动的实施者、组织者和管理者,必然面临更大的挑战和压力。大学英语系面对各个不同语种专业的学生,教师主要进行语言和文学研究,为适应外语教育的发展,外语教师必须接受更严格和广博的培训。本书主要关注的是大学英语师资的培训及整合。

一、进行大学英语师资的培训

国外教师培训主要指的是业务方面,国内的教师培训包括政治思想和业务两方面,政治思想包括爱国主义、集体主义、敬业精神、忠诚于教育事业、认真负责的工作态度等各方面;业务方面则常常将大学英语教师培训简化为外语培训,即提升教师的语言技能,如对教师的阅读、听说、写作、翻译等进行培训。很多学生、家长甚至教师都认为一个人只要学会了英语就能够教英语,一个人只要英语水平高就能教好英语,这种看法并不正确,教师培训应该包括“教什么”和“如何教”两方面。

“教什么”并不简单地指“教外语”,教语法、词汇、课文等,因为语言本身包括语音、词汇、语义、语法、篇章、语用,语言技能包括听、说、读、写、译。但语言不仅是符号系统,还是人与人相互接触时所使用的交际工具,是人与人之间传达信息或表达思想的媒介,也是使用这种语言的民族历史文化的载体。语言就像一面镜子反映了民族历史、文化、心理素质的深层结构,隐形地规范着一个民族看待世界的价值标准和思维方式。许多学生、家长和教师认为外语学习的目的主要是能够与目的语国家的人员进行商务、教育等方面的交流,这显然是受语言工具论的影响,只看到了语言在具体的人际交往中的功能,而忽视了语言所负载的文化。语言是文化的载体,涉及文化的方方面面,蕴含着哲理和智慧,在教授语言的同时也在传授文化。

大学英语教学实践中所强调的词汇、语法、篇章都与文化密切相关,单词的意义通常是文化所决定或限制的,不同文化的特征经过历史的积淀都在词语中留下了痕迹。英语是具有严格语法规则的语言,汉语的语法则相对灵活,两种语言的差异与文化传统和思维方式有关。语言的推理方式可以从语言的行文中看出来，对不同文化背景的英语学习者所写的文章进行分析，发现学习者在逻辑层面和篇章结构上受不同文化因素的影响，英语篇章呈直线型，常用演绎。汉语篇章呈螺旋型，句子之间没有太多的连词，是靠思维的连贯、语义的上下呼应来表达完整的意思。

可见只强调语言的工具性，单纯进行语言技能的训练是无法真正学好和教好一门语言的。因此，学生和教师为达到学好英语的目的，必须在语言教学中涉及文化教学，没有文化教学的语言教学是枯燥的和无意义的。一个人不可能只学习使用一门语言，而不学习有关说这种语言人的文化。

针对大学英语教师的师资培训必须突出语言的文化内涵，外语教师在学习语言的同时必须学习文化知识，在教授语言的过程中必须涉及文化。在大学英语教师培训中应包含世界政治、经济、文化内容。

目前在大学英语教师培训中，“如何教”主要指教学法，一般认为“如何教”就是指教学方法。李岚清就曾说由于教学方法的不够得法，我国知识分子的总体外语水平不但不如发达国家，也不如许多发展中国家，什么时候我们能找到一种适合中国人有效地学习外语的方法就好了。外语教学涉及语言学、心理学、社会学、人类学、教育学等相关学科，教学法只是“如何教”的一个方面，“如何教”还包括二语习得、语言学习的过程、学习者个体差异等各个方面。

当前教学法研究理论与实践都源自西方国家，缺乏本土化的经验，国际上英语教学领域的主流教师教育方法往往缺乏非常重要的社会—政治维度，正是这一维度才使英语教学在其所处的社会、文化、经济、政治等复杂环境中得以本土化。所以在“如何教”的培训方面，教学法只是一个方面，还需兼顾其他很多因素。在后方法教学时代（postmethod condition），教师的任务不是去寻找或应用最好的教学法，而是去实践既能满足学生需求又能适应学生个体差异的教与学策略。

二、进行大学英语师资的整合

外语的重要性，以及学生、社会对大学英语教学的更高要求，促使大学英语教师接受更高难度和更深层次的培训，同时教师还需要具备广博的知识和文化素养。但是大学英语教师在繁重的教学工作之外很难抽出大量的时间进行长期系统的培训，对于主要毕业于外语专业的大学英语教师进行跨学科的培训，不是短期培训可以见效的。如何保证大学英语的教学质量呢？首先要做的就是进行大学英语师资的整合。

美国的大学基于其自身的文化传统和社会现实，选择在外语院系之外成立语言中心，如哈佛大学、耶鲁大学都设立了专门的语言学习中心，为学生的外语学习和教师的发展提供支持，确保大学生在校期间的外语学习质量，帮助学生达到通识教育的外语技能要求。我国大学借鉴其经验尚需本土化的实验，华语教育的台湾地区大学的实践，可以为大陆地区大学英语师资整合提供有价值的参考。

国际文化及服务组为拓展师生国际视野，以文化交流为目的，以外籍师生服务为主轴，经常举办元智与世界的文化对话，通过讲演、留游学宣传、文化交流周等活动，给师生提供更多的国际文化交流的机会。

国际语言文化中心执行全校大学英语教学课程，并建构提升自我学习外语与国际化之数字化设备与国际化生活环境。强化学生外语能力，提升国际竞争力，并配合国际化之政策以进行各单位与国际学术文化交流之业务。中心负责规划及执行全校的各项英语、第二外语及华语课程，协办各种语文测试及文艺活动，以改善校园外语学习环境，提升师生国际视野与文化涵养。将大学英语教师整合进入国际语言文化中心，与对外汉语教学的师资和外事交流与联系的师资整合，形成跨语言、跨文化的团队。大学英语教师在交流、各种活动、教学中都能够很快获得帮助和所需的资讯，师资整合给大学英语教师一个自然地提升自我、丰富自我的过程。

大学英语教师是大学英语教学能否走出困境的关键，进行大学英语教师培训，以及大学英语教师和其他相关学科教师的整合是较好的解决问题的方式之一。

参考文献

[1] 戴晓东 . 跨文化交际理论 [M]. 上海：上海外语教育出版社，2011.

[2] 胡文仲 . 文化与交际 [M]. 北京：外语教学与研究出版社，1994.

[3] 胡文仲 . 跨文化交际教学与研究 [M]. 北京：外语教学与研究出版社，2015.

[4] 毕继万 . 跨文化交际理论研究与应用 [M]. 北京：北京语言大学出版社，2014.

[5] 马晓莹 . 跨文化交际理论与实践研究 [M]. 石家庄：河北科学技术出版社，2013.

[6] [英] 奥梯，富兰克林 . 跨文化互动：跨文化交际的多学科研究 [M]. 北京：外语教学与研究出版社，2010.

[7] 严明 . 大学英语跨文化交际能力培养研究——黑龙江大学大学英语跨文化交际能力培养体系探索 [M]. 哈尔滨：黑龙江人民出版社，2006.

[8] 张红玲 . 跨文化外语教学 [M]. 上海：上海外语教育出版社，2007.

[9] 隋虹 . 跨文化交际与文化习俗 [M]. 武汉：武汉大学出版社，2016.

[10] 杨宏 . 跨文化交际与外语教学 [M]. 咸阳：西北农林科技大学出版社，2005.

[11] 吴进业，王超明 . 跨文化交际与外语教学 [M]. 开封：河南大学出版社，2005.

[12] 刘艳秋 . 跨文化交际与外语教学 [M]. 北京：中国科学技术出版社，2007.

[13] 汪火焰 . 跨文化交际与英语语言教学：实践与展望 [M]. 武汉：武汉大学出版社，2016.

[14] 李庆本 . 中外文化比较与跨文化交际 [M]. 北京：北京语言大学出版社，2014.

[15] 姚丽，姚烨 . 英汉文化差异下的英语教学探究 [M]. 北京：中国书籍出版社，2014.

[16] 葛瑞红 . 大学英语教学中跨文化交际意识培养分析 [J]. 安徽文学，2016.

[17] 石英 . 大学英语跨文化交际教学研究 [J]. 南阳师范学院学报，2015.